Walter Hansen
Die Spur des Sängers

Schauplätze des Nibelungenliedes

━━━━━━ beschriebene Strecke
▪▪▪▪▪▪▪ nicht beschriebene Strecke

Gefängnis von Richard Löwenherz

Wiederentdeckte Burg

...den Frauen

...entreffen von Kriemhild
...hof Pilgrim

Vielvölkertreffen

Residenz Bischof Pilgrims

Hochzeitsfest Kriemhilds mit Etzel

Helches Burg

Etzelburg,
Schauplatz des
Nibelungen-Unterganges

...g
...ingen)

Passau
(Pazzouwe)
Rannariedl
...enstein Haichenbach
...chaunberg Linz
Eferding
(Everdingen) Grein
Enns
(Ense) Pöchlarn
(Bechelaren)

Dürnstein
Mautern (Mûtâren)
Traismauer (Traisenmûre)
Feuersbrunn
Tulln (Tulne)
Zeiselmauer
Tullner Feld
Melk
(Medelicke)
Wien (Wiene)

Hainburg
(Heimburc)
Wieselburg
(Miesenburc)

March

Waag

Gran

Esztergom
(Gran)
Budapest

Enns

Leitha

Raab

Donau

Originalweg der West-Ost-Route

...des Markgrafen Rüdiger

Wohnsitz Astolts

Walter Hansen

DIE SPUR DES SÄNGERS

Das Nibelungenlied und sein Dichter

Mit Farbfotos
von Eberhard Grames

Gustav Lübbe Verlag

Sämtliche Farbfotos von Eberhard Grames.
Die Fotos im Schwarzweiß-Tafelteil stammen von:
Eberhard Grames (S. 161, 162, 163, 164, 166, 167, 168)
Walter Hansen (S. 165)

Die übersetzten Nibelungen-Strophen in diesem Buch sind der Simrockschen
Ausgabe von 1874 entnommen und wurden nach dem neuesten Erkenntnisstand
überarbeitet.

© 1987 by Gustav Lübbe Verlag GmbH, Bergisch Gladbach
Umschlaggestaltung unter Verwendung eines Fotos von Eberhard Grames
Karten und Strichzeichnung: Adolf Böhm, Aschheim bei München
Satz: Jung SatzCentrum, Lahnau
Druck und Bindung: Friedrich Pustet, Regensburg
Kein Teil dieses Buches darf ohne ausdrückliche Genehmigung des Verlages
in irgendeiner Form reproduziert oder übermittelt werden,
weder in mechanischer noch in elektronischer Form (inkl. Fotokopie).
Printed in West Germany
ISBN 3-7857-0455-0

Inhalt

Vorwort

Wer ist der Dichter des Nibelungenliedes?

Die Frage ist so alt wie die Nibelungenforschung.

Der Dichter hat sein Epos anonym geschrieben; er gilt als eine der rätselhaften, geheimnisvollen Gestalten der Weltliteratur.

Zahlreiche Epiker der Stauferzeit wurden schon in den ehrenvollen Verdacht gezogen, das Nibelungenlied verfaßt zu haben: Wolfram von Eschenbach beispielsweise, Hartmann von Aue, Friedrich von Hausen, Abt Sigehart von Lorsch, der Kürnberger, Heinrich von Ofterdingen und viele andere mehr. Doch immer wieder erwies sich: Keiner von ihnen kann der Dichter sein.

In diesem Buch wird nun die Theorie aufgestellt und mit Indizien untermauert, daß ein der Wissenschaft wohlbekannter, aber bisher für die Verfasserschaft noch nicht in Betracht gezogener Epiker der Stauferzeit eben jener anonyme Dichter des Nibelungenliedes ist.

Ursprünglich habe ich nicht die Absicht verfolgt, den Autor des Nibelungenliedes zu identifizieren. Es ging mir nur darum zu zeigen, daß es die im Nibelungenlied geschilderten Schauplätze tatsächlich gibt: Das »schwarze Loch« der Hortversenkung am Rhein, das Nordportal am Wormser Münster, die Reste der Burgundenburg, die Quelle der weissagenden Frauen, die Raubritterburgen im Donautal, das Märchenschloß in Eferding, die Etzelburg und viele andere Festungsbauten, Dome, Klöster und landschaftliche Besonderheiten, die einst der Dichter vor Augen hatte, als er sein Epos schrieb von Liebe und Mord, Verrat und Rache, Treue und Untergang.

Mehrmals bin ich – mit dem Nibelungenlied als Reiseführer in der Hand – der Fährte des unbekannten Dichters gefolgt: von Worms am Rhein quer durch die Bundesrepublik, durch Österreich und Ungarn bis zur Königsburg der Arpaden in Esztergom, stets auf der Suche nach den Bühnenbildern des dramatischen Geschehens.

Dabei hat es sich als unerläßlich erwiesen, die Gedankengänge des

Dichters aus seinem Werk herauszulesen, seine versteckten Hinweise zu enträtseln, seinen teils verwirrenden Ortsbeschreibungen nachzuspüren, seine Persönlichkeit zu deuten, sein Psychogramm zu entwerfen, sein politisches und gesellschaftliches Umfeld zu ergründen. Und unvermutet sah ich mich in ein literarisches Detektivspiel verstrickt. Ich entdeckte eine Spur, die immer deutlicher wurde und mich schließlich zu einem Epiker führte, der, wie weitere Untersuchungen ergaben, mit hoher Wahrscheinlichkeit der lange gesuchte Verfasser des Nibelungenliedes ist.

Entsprechend der ursprünglichen Planung – und der Entwicklung, die sich bei den Recherchen ergab – bietet dieses Buch drei Themenschwerpunkte:

- eine Beschreibung der Nibelungen-Schauplätze;
- eine Reportage über die politischen, sozialen und gesellschaftlichen Aspekte des staufischen Rittertums;
- ein literarisches Detektivspiel.

Die Beschreibung der Nibelungen-Schauplätze ist eng angelehnt an eine mit Strophen aufgelockerte Nacherzählung des Nibelungenliedes, so daß der Leser entlang des roten Fadens der spannenden Handlung von Bühnenbild zu Bühnenbild geführt wird und jede Szene vor Ort erlebt.

Die Reportage über das staufische Rittertum ergab sich insofern, als bei den Recherchen im sozialen Umfeld des Dichters auch Details und Szenen aus dem Nibelungenlied herausgegriffen und kommentiert werden mußten, die ansonsten leicht überlesen werden und in ihrer Gesamtheit ein farbiges Bild des Mittelalters um das Jahr 1200 bieten.

Das literarische Detektivspiel entwickelt sich erst allmählich aus einer immer deutlicher werdenden Verkettung von Spuren und Indizien und führt schließlich – wie in einem Krimi – völlig überraschend zu einem Epiker, der verdächtig ist, das Nibelungenlied geschrieben zu haben.

Ich bin mir bewußt, daß ich – etwa 800 Jahre nach der Niederschrift

des Nibelungenliedes – nur Indizien bieten kann für die Persönlichkeit des Dichters, eine Serie von Verdachtsmomenten, nicht aber
endgültige Beweise. Zu einer Anklageschrift, wenn man so sagen
darf, mag das Material ausreichen. Ob der Verdächtige zu überfüh-
ren ist, müssen weitere Ermittlungen ergeben, zeitraubende und
komplizierte Detailforschungen, die sich auf das von mir vorgelegte
Material stützen werden.
An dieser Stelle möchte ich meinen Dank aussprechen an Professor
Dr. Fromm von der Münchner Universität und Professor Dr. Curschmann von der Universität Princeton, USA, die mich in meiner Arbeit
bestärkten und meinen Verdacht bestätigten.

Walter Hansen

Einführung

Moderne Interpreten vergessen gerne die einfache Tatsache,
daß der Dichter zunächst einmal erzählen
und das Publikum eine spannende Erzählung hören wollte.
Helmut de Boor, *Das Nibelungenlied*

Rätsel um den Dichter

Warum der Dichter des Nibelungenliedes anonym bleiben wollte
oder mußte, wissen wir nicht. Die Zeitgenossen, die ihn als Verfasser
kannten – Herzog Leopold der Glorreiche zum Beispiel, Bischof
Wolfger von Passau, Walther von der Vogelweide und andere Dichter, Fürsten oder Lehnsmänner –, verschwiegen uns seinen Namen.
Und er selbst hat sich in seinem Werk nicht genannt.
Aber er hat Hinweise auf seine Person versteckt. Und deshalb lassen
sich heute noch aus dem Nibelungenlied interessante Erkenntnisse
über den Nibelungendichter herauslesen.
Wir können, wie später noch genau ausgeführt werden wird, Rückschlüsse ziehen auf seine Heimat und Herkunft, auf sein politisches
Engagement, seine soziale Stellung, seine Bildung, seinen Lebenslauf, seinen Bekannten- und Freundeskreis. Er war, wie verschlüs-
selten Schilderungen im Nibelungenlied zu entnehmen ist, aller
Wahrscheinlichkeit nach einer der wenigen Überlebenden des Bar-
barossa-Kreuzuges von 1189 bis 1192. Einige auffallende Ortsbeschreibungen machen es möglich, wie ich meine, seinen Wohnsitz
in einem Umkreis von zehn Kilometern Radius zu lokalisieren.
Durch Textvergleiche mit anderen Werken wissen wir, daß er sein
Epos zwischen 1200 und 1205 geschrieben haben muß: zur Zeit
des staufischen Kaisertums; zur klassischen Zeit des Minnesangs
und der ritterlichen Epen; zur Glanzzeit der höfischen Etikette, zu

einer Zeit aber auch, die bestimmt war von Mord, Verrat und Ränkespiel. Denn die Staufer und Welfen hatten seit dem Tod Kaiser Hein-
richs VI. im Jahre 1197 ihre Verbündeten in einen Strudel von
Machtkämpfen gerissen. Ritterliche Ehrbegriffe drohten unterzuge-
hen. »Treuebruch liegt im Hinterhalt, und nackte Gewalt beherrscht
die Straße«, schrieb Walther von der Vogelweide damals.
Zu dieser Zeit beabsichtigte der Nibelungendichter »die ritterliche
Verklärung des alten Reckentums« (Heusler, *Nibelungensage und
Nibelungenlied*).

Die alten Mären

Die meisten Helden des Nibelungenliedes sind deshalb »alte Rek-
ken«: historisch bezeugte oder mythische Gestalten der Vergangenheit, zusammengewürfelt aus Jahrhunderten und durch dichterische Phantasie zu neuem Leben erweckt.
So ist der Burgundenkönig Gunther dem historischen Burgundenkönig Gundahar nachempfunden, der zu Beginn des 5. Jahrhunderts in Worms residierte und im Jahre 437 von einem Hunnenheer
vernichtend geschlagen wurde.
König Etzel, an dessen Hof König Gunther mit seinen Mannen
unterging, läßt sich historisch auf den Hunnenkönig Attila beziehen.
Er trägt aber auch Wesenszüge des später heiliggesprochenen
Königs Stephan I. von Ungarn, der um die Jahrtausendwende auf
dem Burgberg von Esztergom residierte und – wie König Etzel –
Fürsten und Recken aus verschiedener Herren Länder um sich
scharte. Der Nibelungendichter hat seinen König Etzel also aus zwei
historischen Gestalten geformt: aus Attila, den man die »Geißel Gottes« nannte, und aus Stephan dem Heiligen.
Siegfried ist ein Archetyp, eine mythische Gestalt, die in den Liedern
der *Edda* überliefert und vom Nibelungendichter zum idealen Helden der Stauferzeit umgedeutet wird.
Rüdiger von Bechelaren, der getreue Markgraf, wird als geschicht-

liche Persönlichkeit des 10. Jahrhunderts in mehreren Chroniken erwähnt.

»Alte Mären« nennt der Dichter pauschal die Quellen, aus denen er die Anregungen für sein Epos schöpfte. Er meint damit Chroniken, Sagen, Legenden, *Edda*-Lieder sowie mündliche und schriftliche Überlieferungen aus vergangenen Zeiten.

Doch eine Geschichte aus alten Tagen erzählen wollte er nicht. Er aktualisierte die »alten Mären«, er projizierte sie in die Gegenwart, er bezog sie auf Rechte und Pflichten, Freuden und Probleme der Menschen, die zur Stauferzeit lebten.

Seine Helden – mögen sie nun aus Vergangenheit oder aus germanischer Mythenwelt stammen – »sind christliche Ritter, eingeordnet in christliche Lebensformen« (de Boor, *Das Nibelungenlied*): Sie wohnen in Burgen, die jeder kannte, sie reisen auf Straßen, die es wirklich gab; sie leben und leiden, minnen und morden, intrigieren, kämpfen und sterben, als seien sie Zeitgenossen des Dichters und seines Publikums.

»Das Nibelungenlied bewegt sich mit geographischer Gewissenhaftigkeit in dem wirklichen Raum der Rhein- und Donaulandschaft. Das ist ... nur der äußere Ausdruck dafür, daß die Menschen dieses Gedichtes in einer Welt der Wirklichkeit leben, von der sie geprägt werden.« (de Boor, *Geschichte der deutschen Literatur*)

Eine Gestalt läßt sich sogar als Zeitgenosse enttarnen, als Kirchenfürst, den der Dichter kannte und freundlich porträtierte, da er von seiner Gunst abhängig war. Darüber hinaus gibt es Anzeichen dafür, wie später noch zu erläutern sein wird, daß der unbekannte Autor sich mit einem seiner Helden identifizierte, daß er also selbst auf der Bühne des Nibelungenliedes steht, schwer erkennbar unter der Maske verschlüsselnder Beschreibung.

Als Versform wählte der Dichter die zu seiner Zeit moderne – und später nach seinem Lied benannte – Nibelungenstrophe. Sie setzt sich aus vier paarweise reimenden Langzeilen mit je zwei durch Einschnitte getrennte Kurzzeilen zusammen. Alle vorderen Kurzzeilen sind vierhebig, die ersten drei hinteren Kurzzeilen dreihebig. Die letzte Kurzzeile verklingt mit starker Betonung in vier Hebungen und pointiert den Strophenschluß.

Der Nibelungendichter freilich hielt sich nicht sklavisch an metrische Regeln, sondern rhythmisierte den Text je nach Motiv. Deshalb schlich sich kein leiernder Tonfall, kein ermüdendes Gleichmaß in seine Strophen ein. Sie klingen grausam und zärtlich, burlesk und traurig, episch und lyrisch.

Waffengeklirre und Pferdegetrappel, Weinen und Klagen, festliches Treiben und gelegentlich ein Hauch des Minnesangs sind aus dem Nibelungenlied herauszuhören.

Goethe: »Jeder sollte es lesen«

Das Nibelungenlied war eines der beliebtesten Heldenepen des Mittelalters und blieb Bestseller bis in unsere Tage hinein.

Ursprünglich diente es nicht zum Lesen, sondern zum Vortrag und Zuhören. Der Dichter selbst oder fahrende Spielleute kamen an Fürstenhöfe oder Burgen begüterter Lehnsmänner, scharten abends das Publikum um sich und begannen in einer heute nicht mehr zu rekonstruierenden Form von Sprechgesang mit der programmatischen Einleitungsstrophe:

> Uns ist in alten Mären   Wunder viel gesagt,
> von preisgekrönten Helden,   von Kühnheit unverzagt,
> von Freud und Festlichkeiten,   von Weinen und von Klagen.
> Von kühner Recken Streiten   möget ihr nun Wunder hören
> [sagen.

Diese ins Neuhochdeutsche übertragene Strophe liest sich im mittelhochdeutschen Original so:

Uns ist in alten mæren   wunders vil geseit
von helden lobebæren,   von grôzer arebeit,
von freuden, hôchgezîten,   von weinen und von klagen,
von küener recken strîten   muget ír nu wunder hœren sagen.

Über 2300 solcher Strophen hat das Nibelungenlied, aufgeteilt in 39 Kapitel, sogenannte Aventiuren, die als in sich geschlossene Erzählabschnitte aufzufassen sind. 39 Abende also brauchten die Spielleute, bis sie zur Schlußstrophe kamen.
Zur Gedächtnisstütze dienten den Sängern zahlreiche Handschriften, von denen 34 bis heute erhalten blieben: teils zur Gänze, teils in Bruchstücken. Keine von ihnen überliefert jedoch den authentischen Text des Dichters, sondern alle sind mehr oder weniger geänderte Abschriften.
Auch in unseren Tagen tauchen immer wieder fragmentarische Abschriften des Nibelungenliedes auf: Erst 1986 wurden zwei Seiten im Format 21,5 mal 16 Zentimeter und mehrere Schnipsel von Beamten des Staatsarchivs München entdeckt – und zwar im Einband eines Gerichtsprotokolls aus dem Jahre 1650. Damals hatte ein Buchbinder die Seiten des Nibelungenliedes irgendwo aufgestöbert, zerschnitten, verklebt und für den Einband verarbeitet.
Untersuchungen ergaben nun, daß die Fragmente zu der bruchstückhaft erhaltenen Handschrift Q gehören, die vom Beginn des 14. Jahrhunderts stammt und mehr als 100 Jahre älter ist als das Original.
Dem Original kommen nach Auffassung der Wissenschaft drei vollständig erhaltene Handschriften am nächsten, die möglicherweise noch zu Lebzeiten des Nibelungendichters entstanden:
die »Hohenems-Münchner Handschrift« A
die »St. Gallener Handschrift« B
die »Donaueschinger Handschrift« C.
Zu jeder dieser Handschriften gehört die sogenannte »Klage«, eine epiloghafte Dichtung in Reimpaaren mit mehr als 4000 Versen, die

den Untergang der Nibelungen beweint; ermüdend zu lesen, nicht vergleichbar mit der Sprachgewalt des Nibelungenliedes und zweifellos von einem anderen Dichter verfaßt.

Im 16. Jahrhundert erst verlor das Nibelungenlied an Popularität. Es geriet in Vergessenheit und galt als verschollen, bis im Jahre 1755 der Lindauer Arzt Dr. Jakob Hermann Obereit auf Schloß Hohenems eine Handschrift fand: die Handschrift C, wie sie heute heißt, oder auch Donaueschinger Handschrift, weil sie seit 1855 in der Hofbibliothek zu Donaueschingen aufbewahrt wird.

Wenig später wurde — ebenfalls auf Schloß Hohenems — eine weitere Handschrift entdeckt: die »Hohenems-Münchner Handschrift« A, die sich seit 1810 im Besitz der Bayerischen Staatsbibliothek München befindet.

Einige Jahre darauf tauchte die nach ihrem Fundort und Aufbewahrungsort so benannte »St. Gallener Handschrift« B auf.

Den ersten Editionen des Nibelungenliedes im 18. und 19. Jahrhundert, veranlaßt durch Johann Jakob Bodmer, Christoph Heinrich Myller und Friedrich von der Hagen, wurde kaum Beachtung geschenkt.

Erst als der Germanist und Dichter Karl Simrock im Jahre 1827 eine Übersetzung schuf, die seither als die »klassische« gilt, begann eine Renaissance des Nibelungenliedes ohnegleichen.

»Jedermann sollte es lesen«, sagte schon Johann Wolfgang von Goethe. Und in der Tat: Das Nibelungenlied wurde gelesen wie kaum ein anderes Werk der deutschen Literatur, immer wieder neu gedruckt, im Originaltext und in Übersetzungen millionenfach aufgelegt bis in unsere Tage hinein. 1978 wählte eine Jury der Wochenzeitung DIE ZEIT das Nibelungenlied in die »Zeit-Bibliothek der hundert Bücher« der Weltliteratur.

Siegfriedsteak und Nibelungenschnitzel

Zahllos sind die Nacherzählungen und dichterischen Neugestaltun-
gen, die Nibelungenballaden und Nibelungendramen. Das große
Lied scheint ewig aktuell zu bleiben.
Richard Wagner verarbeitete Teile des Nibelungenliedes in seinem
Ring. Fritz Lang drehte einen Nibelungenstummfilm und gab damit
den Anstoß zu einer Serie mehr oder weniger gelungener Verfilmun-
gen. In einem dieser Werke mimte der blonde Olympiasieger und
Hammerwerfer Uwe Beyer den Siegfried, und mit der Sexwelle
schwappte 1969 sogar der Streifen »Siegfried und das sagenhafte
Liebesleben der Nibelungen« in die bundesdeutschen Kinos. Inzwi-
schen gibt es schon Comics, die den Text des Nibelungenliedes zu
Sprechblasen reduzieren.
Fatale Aktualität gewann das mittelalterliche Heldenepos stets zu
Zeiten politischer Zuspitzungen. Es wurde in ahistorischer, nicht zu
rechtfertigender Weise interpretiert und ideologisch mißbraucht, so
nach der Revolution von 1848, während des Krieges von 1870/71,
im Ersten und im Zweiten Weltkrieg.
Bis in unsere Tage hinein dient der Drachentöter Siegfried als Ver-
gleichsfigur für Politiker, Wirtschaftsbosse und Sportler, vorausgesetzt, sie sind blond und groß.
Die Ermordung John F. Kennedys wurde mit dem Mord an Siegfried verglichen, politisches Intrigenspiel mit nibelungischem Verrat,
der unvermutete Torschuß eines Fußballspielers mit Hagens
Speerstoß aus dem Hinterhalt.
Nibelungen überall, besonders in den vom Nibelungendichter
genannten Orten, wo sich historischer Lokalpatriotismus und Inter-
essen des Fremdenverkehrs aufs innigste paaren. Als ich bei meinen Recherchen für dieses Buch auf die Reise ging, fuhr ich über
Nibelungenstraßen, Siegfriedstraßen, Nibelungenwege und Nibe-
lungenbrücken, durch Nibelungenstädte und Nibelungendörfer,
vorbei an Nibelungenhallen, Nibelungendenkmälern, Kriemhild-

büsten, Siegfriedbrunnen, Siegfriedstatuen, Hagenstandbildern und in Stein gehauenen Reliefs, die Siegfried beim Drachenkampf oder Hagen beim tödlichen Speerstoß zeigen.
Milieugerecht übernachtete ich in Hotels mit Namen wie Nibelungenhof, Nibelungenruh, Rheingold, Siegfriedbrunnen, Kriemhildenrast und Gasthof Hagen. Unvergeßlich bleibt mir die schreckhaft aufscheppernde Ritterrüstung, an die ich in der Nibelungenbar eines Nibelungenhotels aus Versehen rempelte.
Die Nibelungen – sie schlagen sich sogar auf den Magen. Nibelungenmenüs sind in den Speisekarten ebenso verzeichnet wie Nibelungenschnitzel, Käseplatten à la Nibelungen, Nibelungentorten, Nibelungencremes, Nibelungencocktails, Nibelungenespressos und Nibelungenmagenbitter gar, falls einem schlecht werden sollte. Ein Omelette à la Kriemhild, was immer damit gemeint sein mochte, versagte ich mir trotz beträchtlicher Neugier, und auf ein Siegfriedsteak verzichtete ich, denn meine Neigung zum Kannibalismus hält sich in Grenzen.
Unübersehbar ist die Sekundärliteratur zum Nibelungenlied. Seit dem Ende des 18. Jahrhunderts bis in unsere Tage hinein schrieben und schreiben Gelehrte wissenschaftliche Bücher, Abhandlungen, Aufsätze, Artikel, Essays mit teils widersprüchlichen, aber um so streitbarer vorgetragenen Thesen, Theorien und Interpretationen. Alle sind ausführlich, sehr ins Detail gehend und hochinteressant. Doch die meisten von ihnen erschienen gewissermaßen unter Ausschluß der Öffentlichkeit: die Bücher in wissenschaftlichen Verlagen, die Artikel in Fachpublikationen wie etwa in *Paul und Braunes Beiträgen zur Geschichte der deutschen Sprache und Literatur,* im *Korrespondenzblatt des Gesamtvereins der deutschen Geschichts- und Altertumsvereine,* in der *Zeitschrift für deutsches Altertum und deutsche Literatur,* in der *Monatsschrift für rheinisch-westfälische Geschichtsforschung und Altertumskunde,* in der *Zeitschrift für Geisteswissenschaften,* in der *Zeitschrift für bayerische Landesgeschichte,* in der *Zeitschrift für deutsche Phi-*

lologie, in den *Annalen des historischen Vereins für den Nieder-rhein* und wie sie alle heißen.

Lesestoff für Spezialisten also. Lektüre, die im Elfenbeinturm des wissenschaftlichen Interesses bleibt.

In diesem Buch sollen die in Fachpublikationen weit verstreuten Forschungsergebnisse und meine eigenen Ermittlungen wie in einem Brennglas gebündelt dargeboten werden, in leicht verständlicher Weise, unterhaltsam und damit dem ursprünglichen Sinn des Nibelungenliedes entsprechend.

Denn das Nibelungenlied wurde zur Unterhaltung der Zuhörer gedichtet. »Moderne Interpreten vergessen gerne die einfache Tatsache, daß der Dichter zunächst einmal erzählen und das Publikum eine spannende Erzählung hören wollte.« (de Boor, *Das Nibelungenlied*)

Liebe und Mord
Die Burgunden am Rhein

Die Burgundenburg: Untergang in Rauch und Flammen

In Worms ist von weitem schon das monumentale Bühnenbild des Nibelungenliedes zu sehen: der spätromanische Kaiserdom, auf dem Stadthügel erbaut, hoch hinausragend über das Häusermeer mit seinem Langhaus, den beiden massiven achteckigen Türmen und den vier schlanken, wie Pfeilspitzen zum Himmel zeigenden Rundtürmen. Im Innern des Domes – das damals schmucklos war, düster, rußgeschwärzt vom Rauch der Kerzen und offenen Feuerstellen – weinte Kriemhild drei Tage und drei Nächte lang vor dem aufgebahrten Leichnam des ermordeten Siegfried.

Nördlich des Münsters erstreckt sich der Turnierhof vergangener Zeiten. Hier hat alles begonnen: Kriemhild sah Siegfried zum erstenmal; Brünhild erfuhr vom Geheimnis der Hochzeitsnacht; die Königinnen schalten einander vor dem Nordportal. Unausweichlich war der Mord.

Diesen Platz im Schatten der Münster-Nordwand hatte der Nibelungendichter vor Augen, als er mit dem Vokabular des höfischen Epikers ein Ritterturnier beschrieb: kühne Recken, schimmernde Schilde, leuchtende Helme, bunte Wappenhemden über Kettenpanzern, Pferde mit goldfarbenen Sätteln und Zaumzeug, Hufgetrappel, Sporengeklirre, Schwerterklang und das Krachen zerberstender Lanzenschäfte. Herrliche Frauen und viele schöne Mädchen, heißt es im Nibelungenlied, schauten dem Ritterspiel aus den Fenstern der Burgundenburg zu.

Die Burgundenburg ist heute jedoch nicht mehr zu sehen. Sie verschwand gewissermaßen stilecht, wie es sich für ein sagenumwobenes Gemäuer gehört: Unter Donnergetöse, von Rauch und Flammen umwirbelt, ging sie beim großen Stadtbrand von 1689 unter,

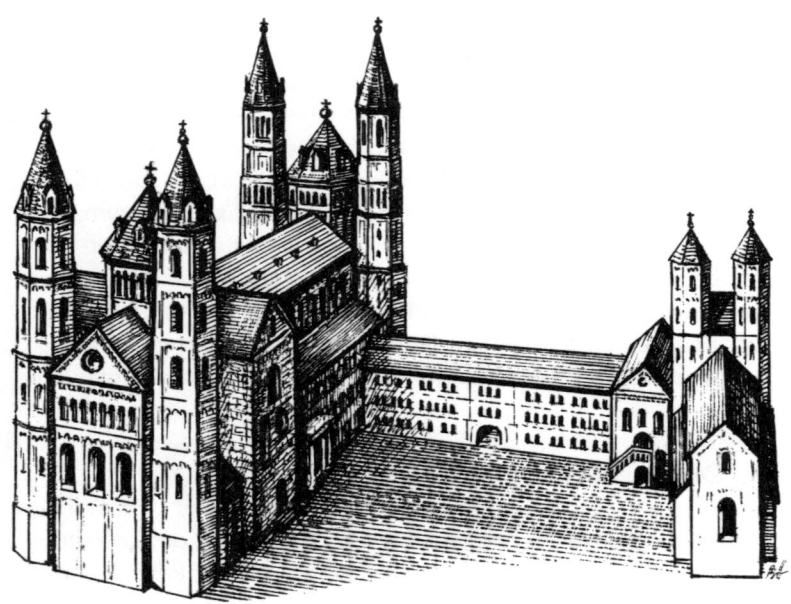

Das Wormser Bühnenbild des Nibelungenliedes
Rekonstruiert nach einer Zeichnung von Peter Hamann

als Soldaten während des Pfälzischen Erbfolgekrieges die Stadt
zusammenschossen und brandschatzten.

1690, ein Jahr nach der Katastrophe, schuf Peter Hamann eine
Zeichnung, die in der Rückschau das alte, unversehrte Worms und
auch das Gebäude zeigt, das der Nibelungendichter vor Augen
hatte, als er die sagenhafte Burgundenburg beschrieb. Es war zwei
Stockwerke hoch und erstreckte sich, rechtwinklig an die Münster-
Nordwand angebaut, auf ganzer Länge des Turnierplatzes bis zu
einer hohen Halle, die von außen über eine Stiege betreten werden
konnte. Unmittelbar daneben erhob sich, den Turnierplatz südlich
begrenzend, eine Burgkapelle mit zwei Türmen.

Von der Burg sind nur die Abbruchspuren an der Münster-Nord-wand erhalten: Mauerreste, zerbröckelt und zerborsten, von Wind und Regen verschmirgelt – und doch geometrisch genau in ihrer Linienführung, daß sich der Seitenriß eines zweistöckigen Gebäudes von gewaltiger Dimension abzeichnet.

Lokalhistoriker haben herausgefunden, daß die im 12. Jahrhundert erbaute Burg der Bischofssitz von Worms war und Kaisern oder Königen bei ihren Besuchen als Herberge diente. In der hohen Halle fanden politisch brisante Hof- und Reichstage statt.

Burgundische Könige freilich, die zu Beginn des 5. Jahrhunderts in Worms residierten, haben die Bischofsburg nie betreten.

Burgundenburg war sie nur in der Phantasie des Nibelungendichters.

Die Traumdeutung der Königin

In dieser Burg wuchs Kriemhild heran, so schreibt der Dichter im Nibelungenlied, »ein viel edel Mägdelein, wie es kein schönres geben konnte in irgendeinem Land der Welt«. Kriemhilds Brüder waren die burgundischen Könige Gunther, Gernot und Giselher. Ländereien und Schätze hatten sie von ihrem verstorbenen Vater Dankrat geerbt. Ihre Mutter, eine mächtige Königin, hieß Ute.

Den drei Königen dienten hervorragende Recken, starke und tapfere Männer, die ebenfalls in der Burgundenburg wohnten:

Hagen von Tronje, hochgewachsen, breitschultrig; sein Haar wurde schon grau; sein Blick war »eislich« – schrecklich;

Dankwart, Stallmeister, Bruder von Hagen;

Ortwin von Metz, Truchseß, Hofbeamter für Küche und Tafel, ein naher Verwandter Hagens;

die Markgrafen Gere und Eckewart, Verwalter von Grenzmarken;

Volker von Alzey, Spielmann, Fahnenträger der Burgunden, ein Recke mit »gefährlichem Blick« und »lustigen Sprüchen«, der Schwert und Fiedelbogen gleichermaßen virtuos zu führen wußte;

Rumold, der Küchenmeister;
Sinold, der Schenke, und
Hunold, der Kämmerer.

Diese neun Ritter waren als Lehnsmänner durch Treueid ihren Lehnsherren unter anderem zu Heerfolge, Hofdienst und Tribut verpflichtet. Dafür mußten die Lehnsherrn ihren Lehnsmännern jedweden Schutz bieten. Die Treuepflicht galt für beide Seiten. Das Lehnsrecht war Grundlage der mittelalterlichen Staats- und Gesellschaftsordnung.

Kriemhild lebte, wie es sich für eine Königstochter gehörte, mit ihren Hoffräulein zurückgezogen in der Burg. Eines Nachts träumte ihr, sie zöge einen Falken auf, stark, schön und wild, der im Flug von zwei Adlern zerfleischt wurde. Sie erzählte den Traum ihrer Mutter, die ihn so deutete: »Der Falke, den Du aufziehst, das ist ein edler Mann. Wenn Gott ihn nicht behütet, so wirst Du ihn bald verloren haben.«

»Was sagt Ihr mir, vom Manne,   viel liebe Mutter mein?
Ohne Reckenminne   will ich immer sein.
So schön will ich verbleiben,   bis an meinen Tod,
daß ich durch Mannes Minne   nie gerate in Not.«

»Widersprich doch nicht so heftig«,   die Mutter sprach da so,
»sollst Du je auf Erden   von Herzen werden froh,
so geschieht's von Mannesminne!   Du wirst ein schönes
                                                                       [Weib,
Gott möge Dir vergönnen   eines guten Ritters Leib.«

»Die Rede lasset bleiben,   vielliebe Herrin mein,
es hat an manchen Frauen   gezeigt der Augenschein,
wie Freude mit Leide   am Ende wird gelohnt.
Ich will sie meiden beide,   so bleib' ich davon verschont.«

Jahrelang schien es, als wollte Kriemhild von einem Manne und von
Minne nichts wissen. Das änderte sich erst, als sie Siegfried kennen-
lernte, den Königssohn aus Xanten.

Siegfrieds Burg: Nur auf Altarbildern zu sehen

Es wuchs im Niederlande   eines edlen Königs Kind,
Siegmund hieß sein Vater,   die Mutter Siegelind,
in einer mächt'gen Veste,   weithin wohlbekannt,
unten an dem Rheine.   Die Burg ward Xanten genannt.

Mit dieser Strophe bringt der Nibelungendichter den jungen Siegfried ins Spiel.
Die »mächt'ge Veste... unten an dem Rheine« wurde im 17. Jahrhundert abgerissen. Wir wissen aber, wie sie ausgesehen hat, denn
sie ist auf den etwa 400 bis 500 Jahre alten Altargemälden im Xante-
ner Dom abgebildet: eine Burg mit langgestreckten Wehrmauern,
mit Zinnen und Türmen, am Rheinufer gelegen, zur Landseite hin
mit tiefen Wassergräben befestigt. Archäologische Ausgrabungen
an dieser Stelle haben die Grundmauern eines 22 Meter breiten und
27 Meter langen Bergfrieds zutage gefördert.
Historisch ist erwiesen, daß die Burg von Xanten um 950 vom Kölner Erzbischof Bruno erbaut wurde und seither stets Bischöfen als
Sitz diente.
Der Nibelungendichter machte auch in Xanten wieder aus dem
Bischofssitz eine Königsburg.
Hier lernte Siegfried, Waffen zu führen und der Etikette entsprechend aufzutreten. Er zog in fremde Lande, um seinen Mut und
seine Kräfte bei vielen Kämpfen und Abenteuern zu erproben.
Schon bald erzählte man sich »wundersame Geschichten« vom
jungen Königssohn aus Xanten. Als er bei einer Sonnwendfeier
zusammen mit 400 Knappen das Ritterschwert erhalten sollte,
luden seine Eltern viele Gäste, darunter Fürsten und Fahrende, zu

einem siebentägigen Fest. Täglich erdröhnte die Burg vom Lärm der Ritterspiele, Lanzensplitter »schwirrten den Palast entlang, und auf dem Turnierhof lagen Edelsteine, die von Schilden abgesprungen waren«.

Eines Tages hörte Siegfried von Kriemhild, die, von ihren Brüdern und Lehnsmännern beschützt, in der Burgundenburg zu Worms lebte und »immer ohne Reckenminne bleiben« wollte.

Für Siegfried freilich war das nur eine Herausforderung: »So will ich es sein, der sie zur Frau nimmt«, sagte er, »denn sie ist so schön, daß es selbst für den Kaiser eine Ehre wäre, um ihre Gunst zu werben.«

Obgleich Vater und Mutter vor den burgundischen Königen und dem allgemein als hochfahrend bekannten Hagen warnten, war Siegfried entschlossen, Kriemhild als Gemahlin zu gewinnen – wenn es sein mußte, auch mit Gewalt.

Zwölf Recken begleiteten ihn bei seiner Reise nach Worms. Der König, die Königin und viele Mädchen weinten, als die Recken in goldschimmernden Rüstungen von dannen ritten.

Bärentreiber und Quacksalber – Riesenrad und Geisterbahn

Die Reiseroute ist im Nibelungenlied nicht näher beschrieben, aber es kann keinen Zweifel geben, daß sie entlang des westlichen Rheinufers auf einer vielbereisten Nord-Süd-Straße ritten, die von der Nordsee durchs Rheintal über Xanten, Köln, Mainz, Worms und über den St. Gotthard bis nach Rom führte – dem Ziel der Pilger.

Vor den Stadtmauern von Worms gerieten Siegfried und seine Begleiter ins Getriebe eines mittelalterlichen Verkehrsknotenpunktes, denn dort wurde die Nord-Süd-Route gekreuzt von der West-Ost-Straße, die sich von Paris über Saarbrücken, Worms, Lorsch, Passau, Pöchlarn, Melk, Wien, Gran und Byzanz weit in den Orient bis vor Jerusalem hinzog – dem Ziel der Pilger und Kreuzfahrer.

Der Schnittpunkt dieser beiden Hauptverkehrswege war der sogenannte »Strand« am Rheinufer, wo die Fährboote und Schiffe anlegten. Hier trafen Kriegsheere und Kreuzfahrer, Pilgerscharen und Reisende aller Art zusammen. Auf engstem Raum drängten sich durchreisende Fürsten, Geistliche, Ritter, Spielleute, Bärentreiber, Seiltänzer, Gaukler und Quacksalber. Der »Strand« war verrufen und beliebt, ein Hexenkessel abenteuerlicher Gestalten und der Festplatz des Volkes von Worms.

Volksfestplatz ist der »Strand« bis in unsere Tage geblieben. Jedermann in Worms und Umgebung kennt das Gelände. Es heißt heute Kieselwiese und ist ein gepflegtes Parkgelände am Rheinufer, Schauplatz des Backfischfestes, das alljährlich im September moderne Rummelplatzromantik bietet: Karussells, Riesenrad, Schiffschaukeln, Geisterbahn und Schießbuden.

Hier »auf dem Strand« also trafen, aus Xanten kommend, Siegfried und seine zwölf Gefolgsleute ein:

Am siebenten Morgen   zu Worms auf dem Strand
ritten schon die Kühnen.   All ihr Gewand
war von rotem Golde,   ihr Reitzeug gut und schön,
auch hat man nie zuvor   Rosse aus besserer Zucht gesehn.

Vom »Strand« aus ritten sie durch die Gassen des mittelalterlichen Häusergewinkels zur Burgundenburg. Vor der hohen Halle zügelten sie die Pferde. Sogleich eilten Ritter und Knappen herbei, um die Gäste zu empfangen.

Die Könige und Hagen von Tronje blieben zunächst noch im Palast. Hagen schritt ans Fenster und blickte auf den Turnierplatz: »Ich habe Siegfried zwar noch nie gesehen«, sagte er zu den Königen, »aber ich bin mir sicher, daß er es ist, der vor unserem Palast steht. Von Siegfried weiß ich mancherlei zu berichten.«

Hornhaut und Wunderschwert

»Siegfried«, so begann Hagen, »ritt einst allein, ohne alle Helfer,
durch fremdes Land und traf viele kühne Männer, die aus einem
hohlen Berg den Nibelungenhort herausgetragen hatten. Der
Schatz aus Gold und Edelsteinen war so groß, daß 100 Leiterwagen
ihn nicht transportieren konnten. Die Recken erkannten Siegfried
sogleich und sagten, hier kommt der starke Held von Niederland.
Ihre Anführer, die fürstlichen Brüder Schilbung und Nibelung, baten
Siegfried, den von ihrem Vater ererbten Schatz gerecht unter ihnen
aufzuteilen. Zum Lohn gaben sie ihm vorher schon das wunderbare
Schwert Balmung.
Doch das sollte ihnen zum Verderben gereichen. Als sie nämlich mit
der Teilung nicht einverstanden waren, geriet Siegfried in Zorn. Er
erschlug mit diesem wunderbaren Schwert zwölf Riesen und 700
Recken, und schließlich auch die beiden Fürsten. Einige andere
Gefolgsleute unterwarfen sich aus Angst vor seiner Kraft und seiner
Waffe.
Nur Alberich, der listige Zwerg und Besitzer einer Tarnkappe, die ihn
unsichtbar machen konnte, brachte Siegfried in große Not. Wie
wilde Löwen kämpften beide vor dem Berg, bis Siegfried den Zwerg
bezwang und ihm die Tarnkappe entriß.
Von diesem Augenblick an war Siegfried der Herr des Nibelungenhortes. Er ließ den Schatz zurückbringen in den hohlen Berg und
bestimmte Alberich als Wächter.

> Und noch ein Abenteuer   ist mir von ihm bekannt.
> Einen Linddrachen   erschlug des Helden Hand.
> Als er im Blute badete,   ward hörnern seine Haut.
> Nun verletzt ihn keine Waffe,   das hat man oft an ihm
>   [geschaut.«

Die Erzählung Hagens ist ein bedeutsamer Einschnitt im Nibelungenlied. Zum erstenmal entführt der Dichter sein Publikum aus der Wirklichkeit in eine Wunderwelt, aus der realen, gegenwärtigen Stauferzeit hinaus und zurück in die archaische Sphäre der germanischen Mythen. Zuvor hatte er Siegfried als Ritter christlicher Prägung dargestellt, als Königssohn, als Kind seiner Zeit, höfisch erzogen, als Mensch aus Fleisch und Blut. Und nun bringt er ihn – durch die Erzählung Hagens – als mythische Gestalt ins Spiel, als Besitzer des sagenhaften Nibelungenhortes, als Drachenkämpfer, als Bezwinger von zwölf Riesen, unbesiegbar durch sein Schwert Balmung, ausgestattet mit der unsichtbar machenden Tarnkappe, hieb- und stichfest dank einer Hornhaut, tödlich verletzbar nur an einer einzigen Stelle.

In dieser mythischen Rolle ist Siegfried mit dem nordischen Helden Sigurd wesensgleich, dessen Abenteuer in der *Edda* überliefert sind. *Edda* nennen wir heute eine Sammlung von Liedern und Prosatexten, die auf der Nordmeerinsel Island – fernab von kontinentalen Entwicklungen – entstand und die unsere Kenntnisse des germanischen Mythos bestimmt.

Siegfried ist also, wenn man so sagen darf, eine gespaltene Persönlichkeit mit zwei Wesenszügen, die er immer wieder wechseln wird im weiteren Verlauf des Nibelungenliedes.

Der Siegfriedstein zu Worms

»Schaut Siegfried an, wie er verwegen und selbstsicher da vor der Burg steht«, sagte König Gunther, als Hagen seine Erzählung beendet hatte. »Wir tun gut daran, ihn ehrenvoll zu begrüßen und als Freund zu gewinnen.«

Hagen schloß sich der Empfehlung an, und so wurde Siegfried mit allem höfischen Zeremoniell willkommen geheißen und nach seinem Begehr gefragt. Siegfried rückte indes nicht mit seinem Wunsch nach Brautwerbung heraus, sondern forderte König Gun-

ther zum Zweikampf: Dem Sieger sollten das Reich und alle Burgen des Unterlegenen zufallen.

Solche Aufforderung »will nicht mit modernen Maßstäben
gemessen, sondern vom Boden mittelalterlichen Denkens und
Handelns begriffen sein... Der uns so anstößige Gedanke, daß
man sein Recht auf Herrschaft durch seine Körperkraft... erweisen und behaupten, daß man es auch... verlieren kann, war dem
Mittelalter natürlich und völlig geläufig.« (Panzer, *Das Nibelungenlied*)

Siegfried wollte damit wohl auch deutlich machen, daß er König
Gunther ebenbürtig sei, denn das Recht zur Forderung setzte gleiche Stellung in der gesellschaftlichen Hierarchie voraus.

König Gunther lehnte ab, Siegfried drohte und schmähte, die
Burgunden ergrimmten, der Schrei nach Waffen wurde laut, und
nach einigem Geplänkel gelang König Gernots diplomatischem
Geschick schließlich ein jäher Umschwung der angespannten
Situation: Siegfried wurde mit dem Willkommenstrunk geehrt und
in die Burg geführt. Ihm war es nur recht, denn er »gedachte
immer der minniglichen Maid«.

Zu Ehren Siegfrieds wurden Turniere geritten; außerdem vertrieb
man sich die Zeit bei anderen Disziplinen ritterlicher Kurzweil wie
Speerschießen und Steinwerfen.

Einer Wormser Ortssage zufolge hat Siegfried beim Steinwerfen
einmal zu weit ausgeholt. Denn der von ihm geschleuderte Stein
flog, so heißt es, über den Burgundenpalast auf die Südseite des
Domes.

Dort liegt der sogenannte Siegfriedstein noch heute in einem klei-
nen Parkgelände: geformt wie ein überdimensionaler Apfel, einen
Meter hoch, grauweiß, ein Felstrumm, das allenfalls von einem
Kran mühelos aufgehoben werden kann.

Inzwischen hat man eine desillusionierende Erklärung gefunden:
Der Stein diente als Gegengewicht bei den Flaschenzügen einer
mittelalterlichen Baumkelter und war somit ein unentbehrliches

Hilfsmittel bei der Weingewinnung früherer Zeiten – und mithin kein
Requisit auf der Bühne des Nibelungenliedes.
Wie er vor den Dom kam, ist ungewiß, wahrscheinlich haben ihn zu
Beginn des 17. Jahrhunderts kräftige Kellermeister dort hinge-
schleppt und damit schweißtreibend ihren Beitrag zur Sagenbil-
dung geleistet.

Kriemhild küßte Siegfried auf der Kieselwiese

Ob Steinwerfen, Speerschießen oder Turnierstechen, immer war
Siegfried der Beste, keiner konnte es ihm gleichtun. Doch seinem
Ziel, Kriemhild zu minnen, kam er, wohl aus Zurückhaltung, nicht
näher. Er sah sie noch nicht einmal, so sehr er sich auch danach
sehnte. Aber sie sah ihn:

> Wenn man auf dem Hofe   das Ritterspiel begann,
> Ritter und auch Knappen,   immer sah es an
> Kriemhild aus dem Fenster,   die Königstochter hehr.
> Einer anderen Kurzweil   bedurfte sie von da an nie mehr.

Siegfried hätte wohl lange auf den Anblick Kriemhilds verzichten
müssen, wenn er sich nicht besondere Verdienste um seine fürstlichen Gastgeber erworben hätte. Und das kam so:
Liudiger und Liudegast, Könige von Sachsen und Dänemark,
schickten mit Boten eine Kriegserklärung an die Burgunden. Siegfried beteiligte sich an der Heerfahrt ins Sachsenland, und der Nibelungendichter nimmt die Gelegenheit wahr, eine mittelalterliche
Schlacht malerisch darzustellen. Den kriegsentscheidenden Zweikampf zwischen Siegfried und König Liudiger schildert er in den folgenden Strophen:

> Der Schildbeschlag des Königs   zerstob vor Siegfrieds Hand.
> Zu besiegen gedachte   der Held von Niederland

den kühnen Sachsenkönig,   Der litt wohl Ungemach.
Hei! Was da lichte Panzer   der kühne Dankwart zerbrach.

Da hatte König Liudiger   auf dem Schild erkannt
die gemalte Krone   vor Siegfrieds Hand.
Da wußt' er, wer er wäre,   der kraftreiche Mann.
Laut zu seinen Freunden   König Liudiger zu rufen begann:

»Höret auf zu kämpfen,   ihr all mir untertan!
Den Sohn König Siegmunds   ich vor mir sehen kann.
Siegfried den starken   hab' ich hier erkannt.
Den hat der üble Teufel   her zu den Sachsen gesandt!«

Die Fahnen ließ er senken,   Frieden er begehrt.
Der ward sogleich   dem Könige gewährt.
Doch mußt er Geisel werden   in König Gunthers Land.
Das hat an ihm erzwungen   des tapferen Siegfrieds Hand.

Nachdem das Burgundenheer mit den fürstlichen Gefangenen
heimgekehrt war, ließ König Gunther zu einer Siegesfeier am Rheinufer laden. Tausende von Recken kamen zum »Strand«, zum Festplatz von Worms, der heute Kieselwiese genannt wird.
Gunther war Siegfried gegenüber verpflichtet, und da er wußte, »wie
herzlich der Held von Niederland seiner Schwester zugetan war,
obgleich er sie noch nie gesehen hat«, gestattete er Kriemhild die
Teilnahme am Fest.
Sie schritt aus dem Palast zum Ufer, gefolgt von 100 Hofdamen,
eskortiert von mehr als 100 Gefolgsleuten, die ihre gezückten
Schwerter in erhobenen Händen hielten.
Nun war der Augenblick gekommen, da »Siegfried Kriemhild zu-
allererst ersah« – und überraschend klingt ein neuer Stil aus dem
herben Rhythmus des Nibelungenliedes: der lyrische Ton des Minnesangs.

Nun kam die Minnigliche,   wie das Morgenrot
scheint aus trüben Wolken.   Da schied von seiner Not,
der sie im Herzen hegte   und so lange nicht gesehn.
Er sah die Minnigliche   nun gar herrlich vor sich stehn.

Von ihrem Kleide leuchtet   mancher edle Stein,
ihre rosenrote Farbe   gab lieblichen Schein.
Was immer jemand wünscht,   er müßte doch gestehn,
daß er hier auf Erden   noch nie so Schönes gesehn.

Wie der lichte Vollmond   vor den Sternen schwebt,
der Schein so hell und lauter   sich aus den Wolken hebt.
So glänzte sie in Wahrheit   vor andern Frauen gut.
Das mochte wohl erhöhen   den stattlichen Helden den
                                                    [Mut.

Die reichen Kämmerlinge   schritten vor ihr her.
Die hochgemuten Degen   warteten nicht mehr.
Sie drängen, daß sie sähen   die minnigliche Maid.
Siegfried, dem Fürsten,   war es lieb und wieder leid.

Er sann voller Gedanken: Wie dacht' ich je daran,
daß ich Dich minnen dürfte?   Das ist nur tumber Wahn.
Bliebst Du mir aber fremde,   so wär' ich lieber tot.
Er ward von Gedanken   oft bleich und oft wieder rot.

Gernot schien Siegfrieds Gedanken zu erraten und beugte sich zu
seinem älteren Bruder, König Gunther: »Laßt Siegfried vor unsre
Schwester treten«, sagte er, »sie hat noch nie einen Recken begrüßt
– jetzt soll sie es tun. Wir können dann Siegfried auf Dauer als
Freund für uns gewinnen.«
König Gunther nickte, und seine Verwandten eilten, um Siegfried die
Nachricht zu überbringen: »Der König hat Euch gestattet, zu seiner

Schwester zu gehn. Kriemhild wird Euch begrüßen und damit Ehre
erweisen.«
Als Siegfried vor ihr stand, da »entzündete sich seine Farbe, er wurde
rot, sein Herz schlug höher, und...«

> Er neigte sich ihr züchtig,   die Hände fanden sich.
> Sie schritten dann   nebeneinander minniglich.
> Mit liebem Blick der Augen   sahn einander an
> der Held und auch das Mägdelein.   Das ward indes heimlich
> [getan.

> Ward da mit sanftem Drucke   liebkost die weiße Hand
> in herzlicher Minne?   Das ist mir unbekannt.
> Doch kann ich auch nicht glauben,   daß es unterblieb.
> Sie zeigte ja mit Blicken,   wie sehr sie ihn hatte lieb.

> Aus welchen Königs Landen   ein Gast gekommen war,
> er nahm bei diesem Feste   nur diese beiden wahr.
> Ihr ward erlaubt zu küssen   den stattlichen Mann.
> Ihm ward in seinem Leben   nie so Liebes getan.

Fortan durften die beiden täglich einander sehen. Siegfried wartete
in gebotener Zurückhaltung auf eine günstige Gelegenheit, bei
König Gunther um die Hand Kriemhilds anzuhalten.
Die Gelegenheit kam, als Gunther selbst um eine Frau werben
wollte.

Sigurds Sprung in den Vulkan

König Gunther hatte von einer unermeßlich schönen und starken
Königin gehört, Brünhild geheißen, die jenseits des Meeres auf der
Insel Island herrschte. Wer ihre Liebe gewinnen wollte, mußte sie
dreimal besiegen: im Speerschießen, im Steinwurf und im Weit-

sprung. Unterlag er in nur einem Wettkampf, so mußte er sterben. Bisher hatten schon viele Bewerber ihr Leben verloren.

»Was auch geschehen mag«, sagte König Gunther, »ich will den Rhein hinab und übers Meer zu Brünhild segeln. Gewinne ich nicht ihre Liebe, will ich Leib und Leben verlieren.«

Nur auf sich gestellt, so sah er ein, würde er Brünhild nicht bezwingen können. Deshalb bat er Siegfried um Hilfe.

Zur Antwort gab ihm Siegfried,   König Siegmunds Sohn:
»Ich will es tun,   wenn Du mir gibst zum Lohn
Kriemhild die schöne,   die Königstochter hehr,
sonst keines Lohns begehr' ich   nach meiner Hilfe dann
                                   [mehr.«

Gunther willigte ein: »Sobald Brünhild hier in meinem Land ist, will ich dir Kriemhild zum Weibe geben.« Er beschwor seine Zusage mit starken Eiden.

Siegfried schlug nun vor, Hagen und dessen Bruder Dankwart mitzunehmen und zu viert »nach alter Recken Weise« die Fahrt anzutreten.

Vorher baten sie noch Kriemhild, schöne Kleider für die Reise anfertigen zu lassen. Unter ihrer Anleitung machten sich in der Burgundenburg 30 Hoffräulein an die Arbeit.

In seine Erzählung schaltet der Nibelungendichter nun einige sogenannte »Kleiderstrophen« ein, die von vielen Lesern als langweilige Verzögerung empfunden werden. Sie zeigen aber, wie sehr der Dichter es liebt, höfische Prachtentfaltung zu schildern. Und sie vermitteln eine Vorstellung von der Herrenmode zur Zeit der Staufer. Drei Strophen sollen genügen:

In arabische Seide,   so weiß wie der Schnee,
und Seide aus Zazamanc,   so grün wie der Klee,

legten sie Gesteine.   Das gab ein gut Gewand.
Kriemhild, die schöne,   schnitt's zu mit eigener Hand.

Von seltner Fische Häuten   wurde genäht sodann
der schönste Futterbezug.   So viel man davon gewann,
bedeckte man mit Seide.   Darauf ward Gold getragen.
Man mochte große Wunder   von den glänzenden Kleidern
                                                    [sagen.

Da die kühnen Recken   so teure Kleider begehrt,
schien Hermelin allein   zu wenig ihnen wert.
Rabenschwarze Seide   darauf genäht noch ward,
wie es Helden ziemte,   die auszogen zu festlicher Fahrt.

Nach sieben Wochen waren die Kleider fertig, und nun konnten die
vier Männer ihre Reise zur isländischen Königin Brünhild antreten.
Sie führten die Pferde an Bord ihres Schiffes, segelten den Rhein
abwärts zur Küste, stachen in See – und zum zweitenmal taucht das
Nibelungenlied hinab in die Welt der germanischen Mythen.
Um die Zusammenhänge zu verstehen, müssen wir uns zunächst
mit den *Edda*-Sagen beschäftigen, die dem Nibelungendichter als
Anregung dienten:
Brünhild war eine Walküre, eine der sagenhaften »Totenwählerin-
nen«, die im Auftrag des Göttervaters Odin auf schnellen Rossen
durch die Lüfte zu den Schlachtfeldern ritten, um gefallene Helden
wachzuküssen und nach Walhall zu geleiten, dem Kriegerparadies
der germanischen Jenseitsvorstellungen.
Einst begab es sich, daß Brünhild eine Schlacht anders entschied,
als der Göttervater es vorgesehen hatte.
Odin verbannte sie zur Strafe in einen Flammenring, in eine von
Feuer umzingelte, mythische Burg. Schlafend sollte sie dort liegen,
bis ein Held es wagte, die wabernde Lohe zu durchreiten. Nur diese
Mutprobe vermochte Odins Bann zu lösen.

Einst kam Sigurd, der Drachentöter, zu dem Flammenring. Er spornte sein Roß an, sprang durch die Waberlohe und küßte die schlafende Brünhild. Sie erwacht, verliebt sich in ihn, er schwört ihr ewige Treue und verspricht ihr, sie bald als Braut heimzuholen.

Brünhild umgibt sich daraufhin wieder mit dem Flammenring zum Schutz vor anderen Freiern und wartet auf Sigurd – wartet sehnsüchtig auf den geliebten Mann, den einzigen, der imstande wäre, die Mutprobe noch einmal zu bestehen.

Und nun blendet sich der Nibelungendichter in die isländische Brünhildsage ein. Er verwandelt die Walküre in eine Königin. Aus der Mutprobe des Flammenritts macht er drei lebensgefährliche Wettkampfbedingungen, die nur einer bestehen kann: Siegfried, der Drachenkämpfer, den er schon durch die Erzählung Hagens mit den mythischen Wesenszügen Sigurds ausgestattet hat.

Wenn nun Siegfried offensichtlich die Rolle Sigurds weiterspielt, so wird seine Reise nach Island als heikle Mission erkennbar: Brünhild nämlich wartet darauf, daß Siegfried kommt, um sein Versprechen einzulösen und sie als Braut heimzuführen. Er aber kommt, um sie als Braut für König Gunther zu gewinnen.

Ohne Zweifel setzt der Nibelungendichter die Kenntnis solcher Problematik bei seinem Publikum als bekannt voraus. Denn ohne lange Erklärung läßt er Siegfried an Bord des Schiffes sagen:

>»Ich will Euch Helden raten: Seid all von einem Mut
> und sprecht im gleichen Sinne,   so dünkt es mich gut.
> Denn wenn wir dann   vor Brünhild gehn,
> so müssen wir in Sorge   vor der Königin stehn.
>
> Wenn wir die Minnigliche   bei ihren Leuten sehn,
> sollt Ihr, erlauchte Helden,   nur einer Rede stehn:
> Gunther sei mein Lehnsherr   und ich sein Lehnsmann,
> nur dann wird sein Verlangen   nach seinem Wunsche getan.«

Siegfried schien das Problem dank höfischer Etikette leicht zu lösen:
Wenn er seinen Rang als Königssohn von Niederland verleugnete
und sich als Lehnsmann König Gunthers ausgab, dann kam er
schon aus gesellschaftlichen Gründen als Freier für Königin Brünhild nicht in Frage – mochte sie seine Ankunft auch noch so sehr
ersehnen.

Am zwölften Tag ihrer Fahrt sahen die vier Recken an Islands Küste
die Burg Brünhilds emporragen mit ihren 86 Türmen, drei Palästen
und einem Saal aus grünem Marmor: Das einzige Bühnenbild des
Nibelungenliedes, das es in Wirklichkeit nicht gab.

Die Flammenburg der *Edda*-Sagen allerdings kann man heute auf
Island noch sehen. Sie ist, wie ich in meinem Buch *Asgard. Entdek-
kungsfahrt in die germanische Götterwelt* nachgewiesen habe,
identisch mit dem längst erkalteten, zur Zeit des Ausbruchs in Flammen stehenden Ringwallvulkan Hverfjall am Mückensee. Dabei han-
delt es sich um einen seltenen Vulkantyp, vergleichbar einer über-
dimensionalen Arena, kreisrund, 1200 Meter im Durchmesser und
am oberen Rand seiner Umwallung so hoch wie der Kölner Dom
(157 Meter). Aus der Göttersage von Gerda lassen sich zahlreiche
Hinweise herauslesen (und auf den Brünhild-Mythos übertragen),
daß der Hverfjall-Vulkan dem *Edda*-Dichter als Vorbild für die
sagenhafte Flammenburg diente.

Der Nibelungendichter indes kannte die Nordmeerinsel Island
sicher nicht und wußte deshalb nichts von den vulkanischen Phäno-
menen, die dort zur Sagenbildung geführt hatten. Aus diesem
Grund machte er aus der für ihn unvorstellbaren Flammenburg eine
konventionelle Burg ohne realen Ortsbezug: eine Burg seiner eigenen Phantasie.

Der Wettkampf-Betrug

Das Schifflein unterdessen   war auf dem Meer
zur Burg herangeflossen.   Da sah der König hehr

oben in den Fenstern   manche schöne Maid.
Daß er keine erkannte,   das war in Wahrheit ihm leid.

Siegfried allerdings erkannte Brünhild am Fenster und verfiel sogleich auf die Idee, ihr seine vorgetäuschte Vasallenrolle schon bei der Ankunft am Strand vorzuspielen: Beflissen führte er Gunthers Roß vom Schiff, und als der König sich in den Sattel schwang, hielt er ihm Zügel und Steigbügel.

Obwohl er sich durch solchen »Bügeldienst« als angeblichen Lehnsmann des Königs zu erkennen gegeben hatte, begrüßte ihn Brünhild beim Empfang in der Burg als ersten.

»Ihr seid zu gütig«, sagte Siegfried, »aber Euer Willkommensgruß sollte vor allem meinem Herrn gelten, dem edlen König Gunther.« Und dann wechselte er die Rede vom respektvollen »Ihr« ins vertrauliche »Du«: »Um Dich zu minnen und als Gemahlin heimzuführen, ist König Gunther in dein Land gekommen. Ich mußte ihn begleiten. Er hat es mir geboten. Wäre es mir möglich gewesen zu widersprechen, so hätte ich mir diese Reise erspart.«

»Wenn er Dein Lehnsherr ist und Du nur sein Vasall«, duzte ihn Brünhild, »dann werde ich mit König Gunther kämpfen. Gewinnt er, so folge ich ihm als Gemahlin in sein Reich. Verliert er aber, dann kostet ihn das sein Leben – und Euch drei Begleitern auch. Alle vier müssen dann gemeinsam sterben.«

»Nur Mut«, flüsterte Siegfried dem König zu, »ich werde Euch mit meinen Zauberkünsten behüten.« Er stahl sich aus der Gesellschaft fort und eilte zum Schiff hinunter, wo er die Tarnkappe anzog. Sie machte ihn unsichtbar und verlieh ihm zudem – wie wir aus dem Nibelungenlied erfahren – zwölffache Kräfte.

Niemand sah Siegfried, als er zum Turnierplatz zurückkehrte.

Brünhild hatte sich inzwischen für den Kampf gekleidet: Sie trug einen Goldpanzer und ein golddurchwirktes, mit Edelsteinen besetztes Waffenhemd aus Azagouc-Seide.

Ihr Schild war aus reinem Gold, so groß und schwer, daß ein Kämmerer und drei Gefolgsleute ächzten, als sie ihn heranschleppten. Ihren Speer »mit der schrecklichen Schneide« vermochten drei Gefolgsleute kaum zu tragen. Und um den Stein herbeizubringen, den Brünhild zu schleudern gedachte, bedurfte es gar einer Schar von zwölf Helfern.

»Diese Frau«, sagte Hagen, »ist des Teufels Braut. Sie sollte lieber in der Hölle bleiben.«

Gunther hätte den Wettkampf am liebsten wieder rückgängig gemacht, aber »selbst der Teufel«, so sagte er, »könnte jetzt nicht mehr kneifen. Hätte ich von solchen Waffen gewußt, wäre Brünhild für ewige Zeiten von meiner Minne verschont geblieben.«

Brünhild krempelte nun die Ärmel auf und schwang den schweren Speer zum Wurf hoch empor. Gunther hob seinen Schild und . . .

> Wäre ihm da Siegfried　　zu Hilfe nicht gekommen,
> so hätte sie dem König　　das Leben wohl genommen.
> Er aber trat verhehlt hinzu　　und rührte Gunthers Hand.
> Doch solche Zauberkünste　　der König schrecklich empfand.

Gunther blickte sich erschrocken um, sah niemanden, hörte aber Siegfrieds Stimme: »Ich bin's. Sei ohne Furcht. Laß mich den Schild halten und mache Du nur die Gebärde mit.« Wie auf wunderbare Weise schien nun der Schild vor König Gunther zu schweben.

Brünhilds Speer traf den Schild mit solcher Wucht, daß Siegfried strauchelte und ihm das Blut aus dem Mund schoß. Doch er stürzte nicht, und deshalb blieb auch Gunther auf den Beinen.

Siegfried nahm nun den Speer, drehte ihn mit dem Schaft nach vorne, um Brünhild nicht zu verletzen, holte aus – wobei Gunther die Bewegung simulierte – und schleuderte ihn auf Brünhild.

»Das Feuer stob von ihrer Brünne.« Sie stürzte – raffte sich wieder auf, ergriff den Stein, schleuderte ihn zwölf Klafter weit und sprang hinterher, über die Distanz des Steinwurfs hinaus. Die Rüstung klirrte.

Zaghaft ging Gunther zum Stein. Er bückte sich – und wieder trat sein unsichtbarer Helfer in Aktion: Siegfried warf den Stein nicht nur weiter als Brünhild, er trug den König auch im Weitsprung mit sich. Nun »ward Brünhild, die Schöne, im Zorne rot«, denn sie mußte ihr Versprechen einlösen und die Gemahlin Gunthers werden. Sie ging auf ihn zu und nahm seine Hand.

Gunther verbeugte sich vor seiner Braut, die er mit einem Betrug besiegt hatte.

Schimpf und Schmach in der Hochzeitsnacht

Brünhild wurde nicht nur einmal betrogen. Nach der Hochzeit ging es im selben Stil weiter.

Zunächst schien sich alles erfreulich zu entwickeln. Glanzvoll war der Empfang Brünhilds in Worms. Siegfried erhielt zum Dank für seine Helferdienste endlich Kriemhild zur Gemahlin. Die Burgundenburg, das Münster und der Turnierhof wurden Schauplätze einer Doppelhochzeit, wie sie prunkvoller nicht gefeiert werden konnte.

Beim Festmahl in der hohen Halle des Burgundenpalastes saßen sich die Brautpaare gegenüber – und plötzlich begann Brünhild zu weinen. Sie begründete Gunther gegenüber ihre Betrübnis damit, daß Kriemhild einen unstandesgemäßen Gemahl bekommen habe, einen unfreien Gefolgsmann, einen Steigbügelhalter, dessen sie sich als Königstochter schämen müsse. »Wie konntet Ihr Eurer Schwester diese Heirat nur erlauben?«

Gunther versuchte sie mit vagen Ausreden zu beschwichtigen und bereinigte damit die peinliche Situation an der Hochzeitstafel. Brünhild schwieg während des Mahles, doch einige Stunden später, im Schlafgemach, kam sie wieder auf das Thema zurück.

Die folgende Szene ist für die Nibelungenlied-Forschung insofern bedeutsam, als der Dichter eine neue, unerwartete Stilvariante einführt: die Burleske, wie sie in Spielmannsepen üblich war.

Der Spielmannsliteratur mit ihrem derben Witz – auf vordergrün-

dige Wirkung und Lacherfolg bedacht – fehlte es gegenüber dem
klassischen Epos an sprachlicher Kultur, an Würde und dramati-
scher Wucht. Spielmänner galten im allgemeinen nicht als gesell-
schaftsfähig. Die Frage drängt sich auf (und wird uns später noch
ausführlich beschäftigen), wie in ein Werk von der literarischen Qualität des Nibelungenliedes solch derbe Spielmannspoesie geraten
konnte:

König Gunther wollte sich Brünhild im Schlafgemach liebevoll
nähern. Sie indes wehrte ab. »Zuerst muß ich das Geheimnis erfahren, warum der Gefolgsmann Siegfried Eure königliche Schwester
zur Gemahlin bekommen hat. Bevor Ihr mir das nicht erklärt, will ich
Jungfrau bleiben.«

Der König war zu problematischen Gesprächen dieser Art jetzt nicht
aufgelegt und versuchte zu zeigen, wer Herr im Hause sei:

> Er rang nach ihrer Minne   und raufte ihr das Kleid.
> Da griff nach einem Gürtel   die herrliche Maid,
> nach einer starken Borte,   die sie immer trug.
> Da tat sie dem König   großen Leides genug.

> Die Füße und die Hände   sie ihm zusammenband,
> zu einem Nagel trug sie ihn   und hing ihn an die Wand.
> Als er im Schlaf sie störte,   sein Minnen sie verbot.
> Er hätte von ihrer Stärke   beinahe erlitten den Tod.

> Da begann zu flehen,   der ihr Gebieter sollte sein:
> »Nun löst mir die Bande,   vieledle Fraue mein.
> Ich wag' es nimmer,   Euch, Herrin, zu besiegen.
> Ich will auch wahrlich niemals   Euch so nahe wieder liegen.«

> Sie fragt nicht, wie ihm wäre,   da sie in Ruhe lag.
> Dort mußt' er hangen bleiben   die Nacht bis an den Tag,

bis daß der lichte Morgen   durchs Fenster warf den Schein.
Hatte er je Kraft besessen,   so war sie jetzt jämmerlich klein.

»Wie wäre es denn, Herr Gunther«, höhnte Brünhild, »wenn Euch
die Kämmerlinge am Nagel hängend finden würden?«
»Wenig Ehre«, sagte der König, »würde das Euch und mir einbrin-
gen. Löst meine Fesseln, und ich werde Euch nie wieder zu minnen
versuchen.«
Erst nach diesem Versprechen hob Brünhild den König des Bur-
gundenreiches wieder vom Nagel herunter.
Am nächsten Tag wurden zu Ehren beider Brautpaare über sechs-
hundert Knappen zu Rittern geschlagen. Bei den üblichen Festtur-
nieren vor Münster und Burgundenburg setzte sich Siegfried, der die
Hochzeitsnacht mit Kriemhild minniglich verbracht hatte, neben
den König. »Wie ist es Euch heute nacht ergangen?« fragte er.

Da sprach der König Gunther: »Ich hatte Schimpf und
                                                                          [Schaden!
Den üblen Teufel habe ich   mir in das Haus geladen.
Ich wähnte sie zu minnen,   wie schnell sie mich da band!
Zu einem Nagel trug sie mich   und hing mich an die Wand.

Da hing ich sehr in Ängsten   die Nacht bis an den Tag,
eh sie mich wieder löste.   Sie aber sanft da lag.
Das sei Dir freundlich   geklagt in Vertraulichkeit.«
Da sprach der starke Siegfried: »Das tut mir wahrlich leid.«

Und gleich darauf rückte er mit einem Vorschlag heraus: »Ich
komme heute nacht mit meiner Tarnkappe unsichtbar in Deine
Schlafkammer. Wenn ich die Kerzenlichter lösche, entfernst Du Dich
von Brünhild. Ich werde dann an Deiner Stelle das Weib bezwingen –
und sollte es mich das Leben kosten.«
»Du darfst meine liebe Gemahlin aber nicht minnen«, sagte Gun-

ther. »Das Leben kannst Du ihr aber ruhig nehmen, denn sie ist ein
schauderhaftes Weib.«

»Ich schwöre es: Minnen werde ich sie nicht.«

Solchermaßen beruhigt, konnte Gunther den Abend kaum abwar-
ten. Er begab sich mit Brünhild ins Schlafgemach, in das Siegfried
schon unsichtbar eingedrungen war, schloß die Tür und »warf
zween starke Riegel eilends dafür«.

Siegfried löschte die Lichter – und Gunther räumte vereinbarungs-
gemäß den Platz für seinen unsichtbaren Stellvertreter.

> Siegfried tat, als sei er   Gunther, der König reich.
> Er umschloß mit Armen   das Mägdlein ohnegleich.
> Sie warf ihn aus dem Bette   und auf eine Bank,
> daß laut an einem Schemel   sein Haupt davon erklang.

> Sie umschloß mit den Armen   den teuerlichen Degen
> und wollt' ihn auch in Bande   wie den König legen,
> damit sie schlafen könne   mit Gemächlichkeit.
> Wie grimmig sie das rächte,   daß er zerriß ihr Kleid!

> Was half ihm alle Stärke   und seine große Kraft?
> Sie zeigte wohl dem Degen   ihres Körpers Meisterschaft.
> Sie trug ihn übermächtig   – ihre Kraft war ja nicht klein –
> und drückt' ihn ungefüge   zwischen Wand und einen Schrein.

> So sehr sie ihn auch preßte,   sein Zorn erzwang es doch
> und seine starken Kräfte,   daß er endlich noch
> sich wieder aufgerichtet.   Seine Angst war groß.
> Sie gaben in der Kammer   her und hin gar manchen Stoß.

> Auch litt König Gunther   Sorgen und Beschwer.
> Er mußte manchmal flüchten   vor ihnen hin und her.

Sie rangen so gewaltig,   daß es wundernahm,
wie eins vor dem anderen   mit dem Leben noch entkam.

Da griff sie nach der Hüfte,   wo sie den Gürtel fand,
und wollte Siegfried fesseln.   Doch wehrt es seine Hand,
daß ihr die Glieder krachten,   dazu der ganze Leib.
Da war der Streit zu Ende,   da wurde sie Gunthers Weib.

Brünhild glaubte, Gunthers Frau geworden zu sein. Siegfried erhob
sich und tat so, als ob er sein Gewand abwerfen würde. Er zog ihr
unbemerkt einen Ring vom Finger und raubte ihren Gürtel. Dann
trat er zurück – und Gunther spielte die Rolle des Bezwingers weiter.

Er minnte sie,   die seine Frau nun war,
Scham und Zorn verschmerzen   mußte sie nun gar.
Von seiner Liebe   ihre lichte Farbe blich,
Hei! Wie von der Minne   die große Kraft ihr entwich!

Da war sie auch nicht stärker   als ein andres Weib.
Minniglich umfing er   ihren schönen Leib.
Wollt' sie noch widerstehn,   was sollte es ihr frommen?
Mit seinem Minnen   hat Gunther ihre Kraft genommen.

Ringdiebstahl und Gürtelraub lassen sich nach Auffassung einiger
Nibelungenlied-Forscher als symbolische Handlungen erklären.
Der Ring gilt als sichtbarer Zauberkreis einer Verbindung, der Gürtel
als archetypisches Symbol der Jungfräulichkeit. Archetypisch ist
auch die Vorstellung, daß die Kraft einer mythischen Frauengestalt
von ihrer Jungfräulichkeit abhängig sei. Der Raub des Gürtels wäre
demnach gleichermaßen als Verlust von Jungfräulichkeit und
mythischen Kräften zu verstehen. Der Diebstahl des Ringes würde
Brünhild – nach dieser Theorie – aus ihrer Verbindung zu Siegfried
lösen und für Gunther freigeben.

Der Streit vor dem Nordportal

Nach 14 Tagen beschloß Siegfried, mit seiner Gemahlin heimzu-
kehren an den elterlichen Königshof in Xanten. Kriemhild wollte
Hagen von Tronje und dessen Neffen Ortwin von Metz als Gefolgsleute mitnehmen. Gunther stimmte zu, doch Hagen lehnte mit
einem stolzen Treuebekenntnis zu den burgundischen Königen ab.
Schließlich zog sie mit Markgraf Eckewart, 500 burgundischen
Gefolgsleuten und 32 Hoffräulein an der Seite Siegfrieds nach Xan-
ten, wo sie von König Siegmund und dessen Gemahlin Siegelind in
allen Ehren empfangen wurde.
Siegfried erhielt von seinem Vater »die Krone mit Gericht und Land«
und erwies sich als gerechter und beliebter König.
Im zehnten Jahr ihrer glücklichen Ehe gebar Kriemhild einen
Sohn.
Brünhild, inzwischen ebenfalls Mutter eines Sohnes geworden, lebte
hochgeehrt am Burgundenhof und wußte noch immer nicht, daß
Siegfried ein mächtiger König war. Nach wie vor quälte sie die
Frage, warum Kriemhild einen Vasallen hatte heiraten dürfen. Auch
fiel ihr auf, daß Siegfried keinen Lehnsdienst und keine Abgaben lei-
stete, wie es sich für einen Gefolgsmann König Gunthers gehört
hätte.
Sie sprach ihren Gemahl wiederholt darauf an, erhielt aber nur aus-
weichende Antworten. Schließlich verlangte sie, daß Siegfried und
Kriemhild an den Burgundenhof geladen würden. Gunther befürch-
tete Komplikationen und lehnte zunächst ab, ließ sich dann aber
doch überreden.
Siegfried und Kriemhild waren freudig überrascht und nahmen die
von Markgraf Gere überbrachte Einladung an. Nach zwölf Tagen
brachen sie auf. In ihrer Begleitung waren der inzwischen verwitwete
König Siegmund, Markgraf Eckewart, 500 Recken und 43 Hoffräulein. Ihren kleinen Sohn hatten sie zu Hause gelassen.
Als die Gäste am Burgundenhof empfangen und mit Turnieren

geehrt wurden, »widerhallte Worms vom Schall der Posaunen, Trommeln und Flöten«.

Eines Tages, vor der Vesperzeit, saßen Kriemhild und Brünhild als Zuschauerinnen eines Turniers vor der Burgundenburg friedlich beisammen.

»Siehst Du Siegfried da stehen?« fragte Kriemhild. »Wie der helle Mond die Sterne, so überstrahlt er alle anderen Recken. Ihm sollten eigentlich alle Reiche untertan sein.«

»Er ist ein Gefolgsmann meines Gemahls«, sagte Brünhild.

»O nein, Siegfried ist Gunther ebenbürtig.«

»Glaube mir, als Gunther mich damals in Island im Wettkampf bezwang, da sagten beide, Siegfried sei sein Lehnsmann.«

»Lasse solche Reden! Wie hätte Gunther gestatten können, daß ich die Gemahlin eines Vasallen werde? Siegfried ist ein König und sogar noch mächtiger als Gunther. Den Beweis wirst Du heute noch bekommen: Beim Kirchgang werde ich das Münster als erste betreten – vor Dir!«

Vor dem Nordportal kam es dann zum Streit der Königinnen – zu einer Schlüsselszene im Nibelunenlied.

Das Nordportal wirkt heute schlicht, eher wie ein Nebeneingang in den Dom, wie ein Lieferanteneingang im Vergleich zum später errichteten monumentalen Südportal.

Zur Zeit des Nibelungendichters war aber das Nordportal der Haupteingang – prunkvoll gestaltet, flankiert von Säulen, mit baldachinartigem Vorbau und wahrscheinlich auch mit Gold belegt. Über dem Portal, zwischen zwei schlanken Säulen, verkündete der in eine Steinplatte eingemeißelte Text die 1184 verfügte Stadtfreiheit von Worms.

Vorbau und Steinplatte wurden beim großen Stadtbrand von 1689 vernichtet.

Heute lassen nur Abbruchreste noch die einstigen Dimensionen des Nordportals erkennen. Und der Text auf einer im Jahre 1981 rechts

neben dem Eingang angebrachten Metalltafel erinnert an den Glanz
vergangener Zeiten:
»Durch dieses Portal zogen mit feierlichem Zug die Kaiser des Heiligen Römischen Reiches mit ihrem Gefolge in den Dom ein. Es
wurde durch Kaiser Friedrich I. Barbarossa in würdiger Form ausgestattet, der 1184 der Stadt die Freiheitsurkunde verlieh. Im Nibelungenlied Schauplatz des Streites der Königinnen Kriemhild und
Brünhild.«

Brünhild wartete schon vor dem Nordportal, als Kriemhild mit ihren
43 Hoffräulein heranschritt. Sie alle trugen lichte Kleider aus ara-
bischer Seide. »Bleib stehn«, rief ihr Brünhild entgegen, »der Frau
eines Gefolgsmannes ist es nicht gestattet, vor der Königin das Münster zu betreten.«
»Könntest Du nur schweigen! Wenn Siegfried ein Gefolgsmann
wäre, dann wärst du die Kebse eines Gefolgsmannes.«

>>Wen nennst Du Kebse?«   sprach des Königs Weib.
»So nenn' ich Dich«, sprach Kriemhild,   »weil Deinen
                                        [schönen Leib
hat Siegfried erst geminnet,   mein geliebter Mann.
Wohl war es nicht mein Bruder,   der Dir das Magdtum
                                        [abgewann.«

»Bei meiner Treu«, rief Brünhild, »das werde ich König Gunther
sagen.«
»Was mag mich das bekümmern? Du hast behauptet, ich sei die
Gemahlin eines Eigenholdes. Das war eine nie wiedergutzuma-
chende Beleidigung.« Nach diesen Worten schritt Kriemhild als
erste durchs Nordportal.
Tränenüberströmt betrat Brünhild als zweite das Münster. Wenn
Siegfried so etwas behauptet hat, dachte sie bei sich, dann geht es
ihm ans Leben.

Nach der Messe kam es zum zweiten Auftritt der Königinnen vor dem Nordportal. Brünhild wartete auf Kriemhild und rief: »Halt! Ihr habt mich Kebse genannt. Beweist es doch.«

Kriemhild streckte ihr die Hand hin: »Diesen Goldring an meinem Finger, den brachte mir Siegfried, nachdem er als erster bei Dir im Bette lag.«

»Das ist der Ring, der mir gestohlen wurde.«

»Sprich nicht von Diebstahl. Siegfried war Dein erster Mann. Daß ich die Wahrheit sage, beweise ich Dir auch noch durch diesen Gürtel, den ich trage.«

Tatsächlich erkannte Brünhild ihren mit Edelsteinen besetzten Gürtel aus Seide von Ninive. Sie brach in Tränen aus und rief: »Man hole den König!«

Kurz darauf erschien Gunther, von einigen Gefolgsleuten eilig herbeigeholt, vor dem Nordportal. »Was ist geschehen?« fragte er. »Warum weint Ihr?«

»Kriemhild hat behauptet, Siegfried hätte mich als erster geminnt und zur Kebse gemacht.«

»Das hat sie gesagt? Dann hätte sie übel getan!«

»Sie trägt meinen Ring und meinen Gürtel.«

»Siegfried soll sofort kommen«, verlangte König Gunther, »er soll uns Rede und Antwort stehn und widerrufen.«

Siegfried kam zum Nordportal, ahnungslos über den Grund der Aufregung.

»Man hat mich hart beleidigt«, empfing ihn Gunther. »Kriemhild behauptet, Du hättest Dich gerühmt, der erste Mann meiner Gemahlin gewesen zu sein.«

»Wenn sie das behauptet hat, wird es ihr noch leid tun. Ich jedenfalls bin bereit, mit einem hohen Eid zu beschwören, daß ich ihr solches nimmermehr gesagt habe.«

»So schwöre! Dann will ich dich der Falschheit nie bezichtigen.«

Daraufhin bat Gunther seine Gefolgsleute, einen Kreis um Siegfried zu bilden, damit der Eid vor aller Augen rechtskräftig sei.

Da hob der kühne Siegfried   zum Eid empor die Hand.
Da sprach der reiche König: »Jetzt hab' ich wohl erkannt,
Ihr seid dran unschuldig,   könnt unbescholten gehn.
Des Euch Kriemhild zeihte,   das ist von Euch nicht
                                                      [geschehn.«

Siegfried war die ganze Geschichte sehr peinlich. Zu Gunther ge-
wandt gab er die Empfehlung, wie sich solcher Ärger fortan vermeiden ließe:

»Man soll Frauen so ziehn«,   sprach Siegfried, der Degen,
»daß sie üppige Sprüche   lassen unterwegen.
Verbiet es Deinem Weibe,   ich will es meinem tun.
Solchen Übermutes   schäm' ich mich wahrlich nun.«

Das Geheimnis der verwundbaren Stelle

Siegfrieds öffentlich geleisteter Eid vermochte Brünhild nicht zu
beruhigen. Sie fühlte sich nach wie vor betrogen und blieb betrübt.
Als Hagen sie einst in Tränen sah, versprach er ihr, Siegfried dafür
büßen zu lassen: »Sonst könnte ich nimmer fröhlich sein.«
Zu den Königen sagte er: »Siegfried muß sterben, und sollte ich
dabei mein eigenes Leben lassen.« Zunächst wollten die Könige von
Mord nichts wissen. Doch Hagen ließ nicht locker und gewann
schließlich Gunther für einen Mordplan, der, besonderer Umstände
wegen, in mehreren Phasen ablaufen mußte.
Siegfried nämlich galt als unverwundbar dank der Hornhaut, die er
beim Bad im Blut des erschlagenen Drachen gewonnen hatte.
Hagen aber wußte, daß es eine kleine Stelle an Siegfrieds Körper
gab, die nicht von dieser Hornhaut bedeckt wurde – und nur dort
konnte er tödlich getroffen werden.
Das Geheimnis der verwundbaren Stelle wollte Hagen nun von
Kriemhild erfahren. Dabei ging er so zu Werke:

Eines Tages ließ er 32 Boten an den Burgundenhof kommen und eine erfundene Kriegserklärung überbringen. Lärmend rüsteten die Burgunden zum Kampf. Siegfried wollte sich erwartungsgemäß am Kriegszug beteiligen. Und ebenso erwartungsgemäß machte Kriemhild sich Sorgen um ihren Gemahl.

Hagen suchte sie am Tage vor der Abreise auf und fragte nach einigen Honneurs beiläufig: »Kann ich Siegfried zuliebe irgend etwas für Euch tun?«

Kriemhild äußerte Besorgnis, die sie vorerst aber nicht näher begründete.

»Sollte Siegfried überhaupt verwundbar sein«, sagte Hagen, »so wäre es günstig, wenn ich davon erfahre. Ich wüßte dann, wie ich ihn beschützen könnte.«

»So will ich denn Deiner so oft bewiesenen Treue vertrauen«, sagte Kriemhild. Und dann verriet sie ihm das Geheimnis:

>»Als von des Drachen Wunden   floß das heiße Blut
>und sich darinnen badete   der kühne Recke gut,
>da fiel ihm auf den Rücken   ein Lindenblatt so breit.
>Dort kann man ihn verwunden.   Das schafft mir Sorge und
>[Leid.«

>Da sprach von Tronje Hagen: »So näht auf sein Gewand
>für mich ein kleines Zeichen   mit Eurer eignen Hand.
>Wo ich ihn schirmen müsse,   mag ich daran ersehn.«
>Sie glaubte ihn beschützt nun.   Doch zum Verderben war's
>[geschehn.

Hagen verabschiedete sich, versicherte Kriemhild seiner Treue und schritt frohgemut von dannen.

Am nächsten Tag, als der Heerzug aufbrach, fiel sein Blick sogleich auf Siegfrieds Rücken. Dort sah er zwischen den Schulterblättern das eingestickte Kreuz. Und nun bat Hagen den König, er solle

nochmals Boten kommen und die falsche Kriegserklärung widerrufen lassen.

Siegfried war enttäuscht und äußerte Unwillen über das entgangene
Vergnügen des ritterlichen Kampfes. Hagen hatte mit dieser Reak-
tion gerechnet. Auf seine Empfehlung hin schlug König Gunther
vor, schnell entschlossen einen Jagdzug in den Waschemwald zu
unternehmen: in ein wildreiches und den Burgunden wohlvertrautes
Revier am jenseitigen Rheinufer. Erfreut und arglos sagte Siegfried
zu. Gernot und Giselher blieben zu Hause. Sie wußten wohl um den
geplanten Mord, aber dabeisein wollten sie nicht.

Siegfried ging noch einmal zu Kriemhild, um sich zu verabschieden.
Seine Gemahlin war voller Sorge. Sie brach in Tränen aus und
berichtete von ahnungsvollen Träumen: »Ich sah Blumen, die waren
rot von Eurem Blut.« Von Wildschweinen sei Siegfried zu Tode
gejagt worden; zwei niederstürzende Berge hätten ihn erschlagen.
Alpträume seien es gewesen, die sie in der vorhergehenden Nacht
geplagt hätten. Siegfried hatte Mühe, sie wieder zu beruhigen.

> Er umfing mit Armen   das tugendreiche Weib,
> mit holden Küssen herzte   er ihr den schönen Leib.
> Dann nahm er Urlaub   und schied in kurzer Stund.
> Sie ersah ihn leider   danach nimmermehr gesund.

Jagdszenen im Waschemwald

In den nun folgenden Schilderungen des Nibelungenliedes sind
einige Ortsbeschreibungen versteckt. Seit über 130 Jahren versuchen Forscher den Nachweis zu führen, daß sie als konkrete topographische Hinweise zu verstehen seien, die es heute noch ermög-
lichen, den Tatort zu finden, wo »Siegfried erschlagen ward«.

Die Jäger ritten zum »Strand«, setzten über den Rhein und erreichten bald den Waschemwald. Auf einem breiten Werder schlugen sie
ihr Lager auf.

Hagen regte eine Wettjagd an: Wer am meisten Wild erlegte, sollte einen Preis bekommen. Die Jäger waren einverstanden und eilten, von Treibern und Hunden gefolgt, nach allen Richtungen in den Wald.

Da vernahm man allenthalben   Lärmen und Getos.
Von Leuten und von Hunden   war der Schall so groß,
daß davon widerhallte   der Berg und auch der Tann.
Vierundzwanzig Meuten   hatten die Jäger losgetan.

Die Regie im Nibelungenlied wird jetzt besonders deutlich erkennbar: Unmittelbar vor dem Mord möchte der Dichter seinen todgeweihten Helden dem Publikum noch ans Herz legen. Er erinnert deshalb an die Eigenschaften – Mut, Kraft, Überlegenheit –, die Siegfried, dem Verständnis der damaligen Zeit entsprechend, besonders imposant und sympathisch machen.
Siegfried hatte nur einen einzigen Bracken mitgenommen, mehr brauchte er nicht – im Gegensatz zu seinen Konkurrenten, die alle mit Hilfe zahlreicher Meuten jagten. Er besaß einen Bogen von solcher Stärke, daß nur er ihn spannen konnte; jeder andere hätte dazu einer Winde bedurft. Der Speer war ungewöhnlich schwer und wuchtig, wog aber leicht in Siegfrieds Hand. Die Pfeile hatten handbreite Spitzen und steckten in einem Köcher, der mit Borten behangen und mit dem Fell eines Panthers überzogen war. Mit solchen Waffen vermochte Siegfried in kurzer Zeit eine Strecke zu erjagen, zu der ein anderer Waidmann nicht fähig gewesen wäre. Er erlegte ein Wildschwein und einen Eber, Hirsche und Hirschkühe in großer Zahl, einen Wisent, einen Elch, vier Auerochsen und sogar einen Löwen.

Ein Löwe am Rhein? Was mag den Nibelungendichter zu solchem Jägerlatein verführt haben?
Möglich, daß er den Löwen als dämonisches Ungeheuer ins Spiel gebracht hat und dem Drachentöter Siegfried als angemessene

Beute zuschanzen wollte; möglich aber auch, daß er einen Löwen meinte, wie ihn freilich nicht Jäger am Rhein, wohl aber Kreuzritter im Orient gesehen haben konnten. Kreuzzüge waren damals die beherrschenden Erlebnisse vieler Ritter gewesen. Besonders der tragisch verlaufene Kreuzzug Kaiser Friedrich Barbarossas hatte zur Stauferzeit die Gemüter erregt.

Jeder Kreuzritter trug ein aufgenähtes Kreuz auf seinem Wappenhemd – wie Siegfried, bei dem das eingestickte Kreuz auf dem Rükken die verwundbare Stelle bezeichnete. Zu den heißbegehrten Souvenirs der Kreuzritter gehörten Köcher, die mit Pantherfellen bezogen waren. Und einen solchen Köcher trug Siegfried bei seinem tödlichen Jagdzug.

Es ist also durchaus denkbar, daß der Nibelungendichter eigene Kreuzzugserlebnisse in sein Werk hat einfließen lassen. Später werden sich noch mehr Indizien ergeben, die diese Vermutung stützen.

Als der Ton eines Jagdhorns das Ende der Jagd signalisierte, fing Siegfried einen Bären, den er nach kurzem Ringkampf fesselte und am Sattel festband. Beim Eintreffen am Lagerplatz zog der Bär alle Blicke auf Siegfried, und der Dichter hat Gelegenheit, das Bild seines Helden noch einmal zu beschwören, viel detaillierter als jemals zuvor im Nibelungenlied:

> Er ritt zum Rastplatz in welcher Herrlichkeit!
> Sein Speer war gewaltig, stark dazu und breit.
> Sein schmuckes Schwert hing ihm herab bis auf den Sporn.
> Von rotem Golde führte der Held ein herrliches Horn.

> Von bess'rem Jagdgewande hörte ich niemals sagen.
> Einen Rock von schwarzem Tuche sah man Siegfried tragen
> und einen Hut von Zobel, der war schön genug.
> Hei! Was an edlen Borten Siegfried an seinem Köcher trug.

Vom Pelz des Otters   war all sein Gewand,
das man von Kopf bis Füßen   bunt überhangen fand.
Aus dem lichten Pelzwerk,   aus allen Seiten hold
an dem kühnen Jägersmann   sah man das Glitzern von
[Gold.

Da ritt der edle Ritter   stattlich aus dem Tann.
Gunthers Leute sahen,   wie er ritt heran.
Sie liefen ihm entgegen   und hielten ihm das Roß.
Am Sattel war gebunden   der Bär, gewaltig und groß.

Siegfried wollte die Jagdgesellschaft erheitern und band den Bären
los, der flugs hierhin und dorthin rannte, in die Lagerfeuer tappte, auf
glühenden Holzscheiten tänzelte und einige Kessel zu Boden warf:
»Hei! Was an guter Speise da in die Asche fiel!« Alles rannte, stol-
perte, purzelte und flüchtete vor dem Zottelbären. Jahrmarktszene,
Burleske, Gelächter – vor dem Mord.
Schließlich konnte der Bär doch noch in den Wald entkommen.
Einige Tapfere liefen ihm nach, freilich vergeblich, denn keiner war
schnell genug. Nur einer vermochte ihn zu ereilen und mit einem
einzigen Schwertstreich zu töten: Siegfried.
Nun setzten sich die Jäger im Kreis herum. Es gab viel zu essen,
aber nichts zu trinken. Aus gutem Grund. Siegfried sollte Durst
bekommen – und zu einer einsamen Quelle gelockt werden. Alles
verlief nach Plan.

Da sprach der edle Siegfried: »Mich verwundert sehr,
man trägt uns aus den Kesseln   doch so viel Fleisch daher.
Warum bringt uns der Schenke   nicht dazu den Wein?
Pflegt man so der Jäger,   will ich nicht Jagdgeselle sein.«

Gunther antwortete voll Arglist: »Hagen ist dran schuld. Er sollte für
den Wein sorgen. Und nun will er uns wohl verdursten lassen.«

Hagen nahm den Vorwurf, wie vereinbart, mit gespielter Zerknir-
schung auf: »Es war ein Irrtum. Ich habe gedacht, wir würden im
Spessart jagen. Dort habe ich den Wein hingeschickt.«

> Da sprach der edle Siegfried: »Dem weiß ich wenig Dank.
> Man hätte sieben Pferde   mit Met und Lautertrank
> hierher entsenden sollen.   Konnte das nicht sein,
> so sollten wir uns näher   gelagert haben dem Rhein.«

»Zum Glück«, sagte Hagen, »weiß ich in der Nähe eine Quelle, zu
der ich Euch geleiten will, damit Ihr mir nicht mehr zürnt.«
Hagen und Gunther erhoben sich. Siegfried stand ebenfalls auf.
Während alle anderen Jagdgesellen zurückblieben, gingen die drei
zur Quelle, die vor den Bergen lag.

Der Mord

Als sie die Linde sahen, unter der die Quelle entsprang, blieb Hagen
stehen, so, als käme ihm gerade ein Gedanke. »Ich habe gehört«,
sagte er zu Siegfried, »daß Ihr schneller laufen könnt als jedes
andere Lebewesen. Wir sollten mit einem Wettrennen prüfen, ob
das stimmt.«
Siegfried ging auf den Vorschlag ein – und zeigte sogar noch Fair-
neß gegenüber den Männern, die ihm nach dem Leben trachteten:
»Ihr und König Gunther«, sagte er zu Hagen, »sollt die schwere Jagd-
kleidung und alle Waffen ablegen. Ich werde beim Wettlauf meine
Kleider anbehalten und zudem alle Waffen in Händen halten.«
Hagen und Gunther waren nur mit Hemden bekleidet, als das Wettrennen begann. Schon nach den ersten Schritten fielen sie zurück.
Siegfried erreichte, weitaus schneller als erwartet, lange vor ihnen
die Quelle, band das Schwert los, legte den Köcher ab und lehnte
seinen Speer an einen Ast der Linde. Den Schild warf er direkt neben
der Quelle ins Gras. Er blickte sich um.

Gunther und Hagen waren noch weit entfernt. Der Durst quälte ihn.
Hätte Siegfried sich sogleich zur Quelle gebückt, getrunken und sich
wieder aufgerichtet, dann wäre Hagen nicht rechtzeitig in die
geplante Schußposition hinter ihm gelangt. Siegfried indes wartete
auf die beiden. Denn er wollte König Gunther, den Landesherrn, als
ersten trinken lassen. Er bewies damit »zuht«: vornehme Zurückhaltung, die Tugend des Ritters – und gerade das wurde ihm zum Verhängnis! Denn er gab Hagen damit genügend Zeit zur Vorberei-
tung.
Während Gunther aus der Quelle trank, trug Hagen das Schwert und
den Bogen Siegfrieds heimlich fort. Nur an den Schild kam er nicht
unbemerkt heran. Siegfrieds Speer ließ er an der Linde lehnen, griff-
bereit.
Dann hatte König Gunther getrunken. Siegfried bückte sich zur
Quelle, Hagen ergriff den Speer und...

Als der edle Siegfried   aus dem Brunnen trank,
schoß er ihm durch das Kreuzlein,   daß aus der Wunde
                                                    [sprang
das Blut von seinem Herzen   hin auf Hagens Kleid.
Solche Untat nimmermehr   ein Held begeht zu unserer Zeit.

Der Recke tobend   auf vom Brunnen sprang.
Ihm ragte aus dem Rücken   des Speeres Stange lang.
Er glaubte nun zu finden   Bogen oder Schwert,
dann hätte er Hagen   den verdienten Lohn gewährt.

Siegfried war todwund und fand doch noch Kraft genug, den Schild
aufzuraffen und dem flüchtenden Hagen hinterherzuschleudern.
Hagen stürzte, der Schild zerbarst, doch Rache üben konnte Siegfried nicht mehr. Denn:

Seine Farbe war erblichen,   er konnte nicht mehr stehn.
Seines Leibes Stärke   mußte ganz zergehen,
da er des Todes Zeichen   in bleicher Farbe trug.
Er ward danach betrauert   von schönen Frauen genug.

Da fiel in die Blumen   der Kriemhilde Mann.
Das Blut von seiner Wunde   im Strome niederrann.
Da begann er zu schelten   in seiner Todesnot
die Verräter alle,   die ihm gebracht den Tod.

Da sprach der Todgeweihte: »Weh, Ihr bösen Zagen,
ich war stets Euer Freund,   und Ihr habt mich erschlagen,
ich gab Euch mein Vertrauen   und sterbe nun daran,
Ihr habt an Eurem Freunde   eine üble Tat getan.«

Inzwischen waren die anderen Jäger herbeigekommen. Jeder von
ihnen beklagte die Tat, sogar König Gunther, der doch den Mordplan mit ausgeheckt hatte. Nur Hagen sagte: »Was soll das Gejam-
mer? Jetzt ist's vorbei mit der Schmach, die er uns angetan, mit allen
Ängsten, die wir ihm gegenüber empfunden haben. Wohl mir, daß
ich seiner Herrschaft ein Ende gesetzt habe.«

»Ihr mögt jetzt leichthin prahlen«,   sprach der von
                                          [Niederland,
»hätt' ich die mörderische   Weise an Euch erkannt,
vor Euch behütet hätt' ich   Leben wohl und Leib.
Mich dauert nichts auf Erden   als Kriemhild, mein liebes
                                          [Weib.«

»Wohl nimmer hat begangen   so üblen Mord ein Mann«,
sprach er zum König,   »als Ihr mir habt getan.
Ich habe Euch geholfen   in großer Angst und Not.
Ihr habt mir schlimm vergolten,   daß ich Euch meine
                                          [Freundschaft bot.«

Da sprach voll Trauer weiter   der todgeweihte Held:
»Wollt Ihr, edler König,   noch auf dieser Welt
an jemand Treue pflegen,   so laßt befohlen sein
auf Treu und Gnaden   die liebe Kriemhild mein.«

Die Blumen allenthalben   waren vom Blute naß.
Da rang er mit dem Tode.   Nicht lange konnt' er das.
Des Todes Waffe: Sie schnitt ihn allzusehr.
Er konnte nicht mehr reden,   der Recke, kühn und hehr.

Bis zum Abend lag Siegfried in den Blumen neben der Quelle. Erst
bei Einbruch der Dunkelheit machten die Jäger sich auf den Weg,
um Siegfried über den Rhein nach Worms zu bringen. Vor der Frühmesse noch wollten sie im Burgundenpalast eintreffen.

Ein Mord – und vier Tatorte

Die Suche nach der Siegfriedquelle, nach dem Schauplatz des
sagenhaften Verbrechens, begann im vorigen Jahrhundert und hat
seither ganze Generationen von Gelehrten in mancherlei Streit ver-
wickelt.
Bisheriges Ermittlungsergebnis: ein Mord – und vier Tatorte.
Um die verschiedenen Tatort-Theorien beurteilen zu können, ist es
zweckmäßig, die Jagdszenen im Nibelungenlied auf Ortshinweise
zu durchforsten.
Laut Nibelungenlied setzte die Jagdgesellschaft von Worms aus
über den Rhein. Mithin muß das Jagdgebiet am östlichen Ufer liegen.
Das Jagdgebiet wird im Nibelungenlied, je nach Handschrift, als
Waschemwald, Waskenwalde oder *wasiger Wald* bezeichnet. Da
sich östlich des Rheins heutzutage keine ähnlich lautenden Ortsnamen finden lassen, steckt des Rätsels Lösung möglicherweise in
einer früheren, vergessenen Flurbezeichnung. Eine hin und wieder

geäußerte Theorie, wonach mit dem Waschemwalde das Bergland
der Vogesen gemeint sein müsse, gilt als überwunden. Die Vogesen
liegen westlich des Rheins.
Der Spessart (»Spehtshart«), wo Hagen den von Siegfried vermiß-
ten Wein angeblich hingeschickt hatte, kann nicht identisch sein mit
dem viel zu weit entfernten, allgemein bekannten Spessart in
Unterfranken, jenseits des Mains. Es gibt aber, wie wir noch sehen
werden, Orte mit ähnlich klingenden Namen östlich des Rheins.
Das Jagdgebiet wird als breiter Werder bezeichnet (»wert vil breit«).
Werder bedeutet Flußinsel oder Landstrich zwischen einem Fluß
und stehendem Gewässer. Hier ist zu beachten, daß der Fluß nicht
der Rhein sein kann. Denn Siegfried beklagte, als er »Met und Lau-
tertrank« vermißte, daß man den Lagerplatz nicht in der Nähe des
Rheins aufgeschlagen hatte.
Die Quelle floß – laut Originaltext – unter »der« Linde, nicht unter
»einer« Linde. Die Verwendung des bestimmten Artikels läßt den
Schluß zu, daß der Dichter »die Linde, unter der Siegfried erschlagen ward, als allgemein... bekannt annimmt« (Lübben, *Wörterbuch zu der Nibelunge Not*).
Die Quelle liegt »vor den Bergen«. Diese Beschreibung ist schwer
auszulegen. Damit kann »am Fuße der Berge« ebenso gemeint sein
wie etwa: »in der Nähe der Berge, in Richtung der Berge«. Die Textstelle besagt immerhin, daß es Berge in Sichtnähe der Quelle gibt.
Genaueres läßt sich aus der Ortsbezeichnung einer Strophe herauslesen, die allerdings nur ein einziges Mal – in der Handschrift C –
überliefert ist:

Von demselben Brunnen,   wo Siegfried ward erschlagen,
sollt ihr nun rechte Kunde   von mir hören sagen.
Vor dem Odenwalde   ein Dorf liegt: Otenhaim.
Da fließet noch der Brunnen,   kein Zweifel kann dran sein.

Weiter heißt es im Nibelungenlied, daß Siegfrieds Leiche im Laufe einer Nacht vom Tatort zur Burgundenburg gebracht wurde, und zwar zwischen Einbruch der Dunkelheit und dem Beginn der Frühmesse, in höchstens zehn Stunden also. Diese Textstelle macht die Entfernung vom Tatort nach Worms abschätzbar, freilich nur für einen Fachmann für Pferde. Ich habe deshalb Siegfried Dehning zu Rate gezogen. Er ist diplomierter Landwirt, Pächter der Universitätsreitschule in München, Europameister und dreimaliger deutscher Meister im Military-Reiten.

Bei meiner Frage an Siegfried Dehning war zu bedenken, daß es um 1200 noch keine sogenannten Warmblutpferde gab, wie sie heute für die Reiterei gezüchtet werden. Die Reitpferde im Mittelalter waren Muskelpakete nach Art unserer »Kaltblüter«: Nicht schnell, aber schwer, ausdauernd und kräftig, denn sie wurden bei Kriegszügen mit Eisen gepanzert und mußten zudem den Reiter mitsamt der Rüstung tragen.

Welche Distanz also kann ein Pferd von solch spezieller Zucht in zehn Stunden zurücklegen, wenn es – wie bei einem Jagdausflug – nicht gepanzert ist und auch der Reiter keine Rüstung trägt?

Dazu Siegfried Dehning: »Unter einem energischen Reiter bis zu maximal 60 Kilometer, im Wechsel zwischen Schritt, Galopp und mehreren Ruhepausen, die bei zehnstündigem Marsch unbedingt nötig sind.«

»Und nachts? Wenn auf dem Pferd die Leiche Siegfrieds festgebunden ist?«

»Pferde sehen erstaunlich gut bei Dunkelheit, also fällt die schlechte Sicht nicht besonders ins Gewicht. Die Leiche im Sattel verzögert natürlich den Marsch, aber nicht erheblich, wenn andere Reiter das Pferd energisch vorantreiben. Unter günstigen Bedingungen schafft das Pferd immer noch 50 Kilometer, aber nicht mehr. Weiter von Worms entfernt kann der Tatort unmöglich liegen.«

Siegfried-Stadion und Lindelbrunnen

Ungeachtet der Vielzahl solcher Hinweise, die sich bei genauerem Textstudium ergeben und alle berücksichtigt werden müssen, schien einigen Forschern im vorigen Jahrhundert das Problem flugs gelöst: Sie stützten ihre Tatort-Fahndung einzig auf die Strophe, in der es heißt, daß die Quelle vor dem Odenwald bei einem Dorf namens Otenhaim liegt. Tatsächlich fanden sie östlich des Rheins nur einen Ort mit ähnlich klingendem Namen, nämlich Odenheim, 30 Kilometer südlich von Heidelberg gelegen. Dort floß eine Quelle in hügeligem Bergland.

Heute sind die Nibelungen in Odenheim nicht zu übersehen. Am Eck des 1903 erbauten Rathauses ist eine Steinskulptur angebracht, die Siegfried zeigt, wie er, den Blick träumerisch in die Ferne gerichtet, sein Schwert nach Art eines Preßlufthammers zwischen aufspritzenden Blutstropfen in den Rücken eines Drachens bohrt. Daneben eine Inschrift: »Es war die Jugend Siegfrieds in allen Dingen groß.« Darunter ein blaues Blechschild mit modernen Buchstaben: »Nibelungenstraße«.

Auch ein Siegfried-Stadion gibt es in Odenheim.

Der Siegfriedbrunnen, etwas außerhalb von Odenheim gelegen, ist als Denkmal gestaltet, spitzbogenförmig überdacht, schön in Naturstein gefügt und der Landschaft angepaßt. Ein Relief zeigt Hagen, wie er den Speer hinterrücks auf den zur Quelle gebückten Siegfried schleudert. Zwei Steinbänke laden zur Rast.

So imposant dieses Denkmal auch ist, so emsig sich Lokalhistoriker um Beweise bemühen und so sehr auch die Gleichsetzung von Otenhaim mit Odenheim naheliegt – der Siegfriedbrunnen kann nicht der gesuchte Tatort sein. Denn er liegt über 70 Kilometer entfernt, zu weit für einen nächtlichen Leichenzug nach Worms.

Der Ruhm, das Bühnenbild des Siegfriedmordes zu bieten, wurde den Odenheimern bald streitig gemacht. 40 Kilometer östlich von

Worms, im Odenwalddorf Hiltersklingen, konzentrierten Gelehrte ihre Ermittlungen auf eine Quelle, die im Volksmund »Lindelbrunnen« heißt, wohl nach den zahlreichen Lindenbäumen, die dort wachsen. Nachforschungen ergaben, daß der Name in den Schreibweisen »Lintbrunno« und »Lintbrunnen« schon in den Jahren 773 und 795 in Urkunden auftaucht und mithin dem Nibelungendichter bekannt gewesen sein konnte. Der Ortsbezug zum Nibelungenlied schien evident, denn Siegfried hatte seinen Speer – die Mordwaffe Hagens – an den Ast eines Lindenbaumes gelehnt.

Wer heute den Lindelbrunnen besuchen will, kann von der Bundesstraße 460 – der sogenannten Siegfriedstraße – zwischen Hiltersklingen und Hüttenthal zu einem schattigen Parkplatz abbiegen und, je nach Gemütsverfassung, den »Siegfriedweg« oder den »Hagenweg« zum Spaziergang wählen. Beide sind ausgeschildert.

Der Lindelbrunnen ist in Stein gefaßt und mit einer Schrifttafel versehen: »An diesem Brunnen soll der Überlieferung nach Siegfried erschlagen worden sein.«

Unbestreitbar hat diese Quelle seit urdenklichen Zeiten zur Sagenbildung angeregt: Der Wilde Jäger gehe dort um, erzählte man sich früher, ein Mann mit dem eigenen Kopf unter dem Arm sei gesichtet worden, Räuber hätten einen arglos aus der Quelle trinkenden Ritter hinterrücks erschlagen. Hatte der Nibelungendichter aber diese Quelle vor Augen, als er den Mord an Siegfried beschrieb?

Der Name Lindelbrunnen, die Sage vom erschlagenen Ritter und die Entfernung von Worms (40 Kilometer) sprechen dafür. Doch alle anderen Ortsbeschreibungen im Nibelungenlied sprechen dagegen. Eine zwingende Beweisführung ist nicht möglich.

Trotzdem war der uralte, sagenumwobene Lindelbrunnen früher als Mordstelle sehr populär. Nach und nach aber hat er in der Gunst des Publikums verloren. Denn in der Nähe erwuchs ihm Konkurrenz: der Siegfriedbrunnen von Grasellenbach, dessen Nimbus als Schauplatz der Bluttat im Interesse gesunder Geschäfte liebevoll gemanagt wird.

Siegfriedbrunnen, Wadenwickel, Wassertreten

Der Siegfriedbrunnen von Grasellenbach – das ist eine Geschichte
für sich.

In den vierziger Jahren des vorigen Jahrhunderts begann der pen-
sionierte Geheime Hofrat Dr. Knapp aus Darmstadt das Gelände
östlich des Rheins systematisch nach Ortsbezeichnungen aus dem
Nibelungenlied abzusuchen.

Im Quellgebiet der Weschnitz westlich von Hammelbach – unweit
vom Lindelbrunnen – entdeckte Dr. Knapp eine Niederung namens
Weschrain. Da die Weschnitz im Volksmund auch Waschitz genannt
wird, glaubte er von Weschrain auf Waschrain und weiter auf den
Waschemwald des Nibelungenliedes schließen zu dürfen. Zu seiner
Überraschung fand er auf der Landkarte eine zweite Ortsbezeichnung, die sich auf das Nibelungenlied beziehen läßt: den 548 Meter
hohen Spessartskopf, etwa fünf Kilometer vom Weschrain entfernt,
nahe dem Dorf Grasellenbach. Das konnte, so Knapps Überlegung,
der Spessart sein, wo Hagen den Wein angeblich hingeschickt
hatte.

Knapp wanderte zum Bergkegel, folgte einem Jägerpfad bergauf
und stieß wenige Minuten unterhalb des Gipfels auf eine Quelle.
Gleich daneben stand ein hölzernes Sühnekreuz, wie es üblicherweise zum Gedenken an einen Verunglückten oder an das Opfer
eines Verbrechens errichtet wird. Was Knapp über dieses Kreuz bei
Bauern der Umgebung in Erfahrung bringen konnte, stimmte ihn
hoffnungsvoll. Das Gedenken galt offenbar einer Sagengestalt, und
zwar einem Ritter, der dort erschlagen worden sein soll.

Alle weiteren Auskünfte, die dem Fahnder nach der Siegfriedquelle
zuteil wurden, schienen wie fehlende Steine in ein Mosaik zu passen.
»Siegfriedbrünnchen« werde die Quelle genannt, verhieß der Bürgermeister des nahegelegenen Affolterbach. Und er schob auch
gleich eine Erklärung nach: »Weil, einer Sage zufolge, Hagen dort
den Siegfried erschlagen hat.«

Als »Siegfriedbrünnchen« sei die Quelle allgemein bekannt, wußte auch der Bürgermeister von Grasellenbach zu vermelden. Und der Revierförster Bals aus Fürth ließ schwarz auf weiß wissen: »Alte Leute erzählen, daß sie von ihren Voreltern gehört hätten, es sei ein gewisser Siegfried, den man nur den Gehörnten genannt habe, in dem Moment, als er sich an der Quelle niedergelegt, um zu trinken, von seinem Schwager erstochen worden; daher der Name Siegfriedbrunnen.«

Knapp wollte ganz sichergehen und begann noch nach dem Dorf Otenhaim zu suchen, das, laut Nibelungenlied, in der Nähe des Brunnens liegen muß. Er glaubte, Otenhaim mit einem vergessenen Flurnamen erklären zu können, der in Schriften aus dem 17. Jahrhundert in unterschiedlicher Schreibweise verwendet wird: als Dautenham, Dotesham oder Dotenham. Daraus zog Knapp den Schluß: der Ort hieß früher Totenhain – und der Nibelungendichter hatte irrtümlich Otenhaim geschrieben.

Als Knapp außerdem noch feststellte, daß der Spessartskopf in Urkunden aus den Jahren 1430, 1544 und 1613 als »Spessart« dokumentiert war, schien ihm die Beweisführung geglückt. In einem abschließenden Resümee faßte er seine Ermittlungen zusammen: »So hätten wir einen Brunnen aufgefunden, dessen Name ebenso wie die von dem Ursprung dieses Namens überlieferte Sage, nicht minder als seine geographische Lage, ganz mit den Forschungen übereinstimmt, die wir über die von der Jagdfahrt berühmte Örtlichkeit angestellt haben und die eben dadurch einen erhöhten Grad von Wahrscheinlichkeit erhalten.«

Trotz erheblicher Einwände einiger Gelehrter gab ihm eine offizielle Untersuchungskommission im Jahre 1851 recht. Die Bürger von Grasellenbach faßten die Quelle in Fels und errichteten ein Steinkreuz im gotischen Stil mit der eingravierten Nibelungenstrophe von Siegfrieds Tod. Damit begann der unaufhaltsame Aufstieg von Grasellenbach zum »Nibelungendorf des Odenwaldes«, zur »Wallfahrtsstätte für Heimatfreunde«, wie es bald einprägsam hieß.

Im Jahre 1951, nach der Hundertjahrfeier anläßlich der offiziellen Bestätigung des Siegfriedbrunnens, startete Grasellenbach seine Karriere als Kneippkurort. In einem werbepsychologisch beispiellosen Geniestreich mixten die Gemeindeväter den Nimbus der Siegfriedquelle mit der Heilkraft Kneippscher Wasseranwendungen zu einem Reklame-Cocktail, der nach Nibelungen, Frohsinn, Wadenwickel und Gesundheit schmeckt.

Grasellenbach bietet heute Blitzguß und Platzkonzert, Massage und Nibelungenabend, Wassertreten und Waldlehrpfad, Müsli und Nibelungenmenü, Saunastübchen und Nibelungenhalle, hydroelektrisches Wannenbad und Siegfriedbrunnen.

Aus aller Welt kommen Gäste nach Grasellenbach.

Auch ich kam, den Siegfriedbrunnen zu schauen. Einen Gasthof Hagen erblickte ich sogleich, ein Hotel Rheingold und die Pension Kriemhildenruh. Als ich mich nach dem Siegfriedbrunnen erkundigte, schickte man mich zum Hotel Siegfriedbrunnen.

Bei meinem Fußmarsch empor zum Spessartskopf hatte ich die Wahl zwischen zwei ausgeschilderten Routen: »Bequemer Weg, 35 Minuten« und »Steiler Weg, 20 Minuten«.

Knapp unterhalb des Gipfels dann der in Fels gefaßte Siegfriedbrunnen und das Kreuz aus Stein, bestrahlt vom Sonnenlicht, das zwischen Fichten und Tannen ins Düstre des Waldes fiel. Ruhe ringsum. Nur die Quelle rauschte – wieder, glücklicherweise.

Es gab eine Zeit, Anfang der fünfziger Jahre unseres Jahrhunderts, da geschah es, daß die Quelle nicht mehr floß, sehr zum Schrecken der Grasellenbacher, die schon befürchteten, der Zustrom von Besuchern könnte versiegen. Die Ursache ließ sich schnell feststellen: Man hatte zu viele Buchen und Eichen abgeholzt auf dem Spessartskopf und damit den Wasserspiegel im Berginnern gesenkt. Gegen solchen Umweltschaden gab es nur eine Alternative: moderne Technik. Man legte eine Wasserleitung von Grasellenbach auf den Spessartskopf hinauf. Das ging zwar ins Geld, aber die Quelle des Wohlstands war gerettet.

Ihren Sinn für gesunde Sparsamkeit indes haben die Gemeindeväter von Grasellenbach nicht verloren. Bei Einbruch der Dunkelheit
wird die Wasserzufuhr abgedreht. Der Quell versiegt, wenn niemand
hinschaut.

Beweisführung mit Bumerang

Ist die mittlerweile weltberühmt gewordene Siegfriedquelle von Grasellenbach tatsächlich die im Nibelungenlied beschriebene Mordstelle? Eine offizielle Untersuchungskommission hatte im Jahre
1851 dem Geheimen Hofrat Dr. Knapp recht gegeben.
Aber hatte die Untersuchungskommission recht?
Bestechend mag erscheinen, daß die Bauern der Umgebung von
einer Sage berichteten, wonach ein Ritter bei der Quelle erschlagen
worden sei. Zu bedenken aber ist, daß es in diesem Gebiet offensichtlich eine archetypische Sage solcher Art gab, die auf vielerlei
Quellen projiziert wurde – beispielsweise auch auf den Lindelbrunnen von Hiltersklingen, der nur fünf Kilometer Luftlinie vom Spessartskopf entfernt liegt.
Daß die Quelle auf dem Berg allgemein »Siegfriedbrunnen« heiße
und als Schauplatz von Siegfrieds Ermordung gelte, davon wußten
die Bauern der allernächsten Umgebung nichts.
Wohl aber erzählten von solchen Überlieferungen der Bürgermeister von Grasellenbach, sein benachbarter Amtskollege aus Affolterbach und der Revierförster aus Fürth. Ihre Aussagen fügten sich
auffallend spontan und fabelhaft in Dr. Knapps Ermittlungen. Zu
spontan und zu fabelhaft fast. Sollten die Aussagen stimmen – und
nicht Salz in einer Indiziensuppe sein, an der die Zeugen selber löffeln wollten –, können sie allenfalls ein interessantes Phänomen der
Sagenbildung bezeugen: daß es eine Variante des Siegfriedmythos
gab, die sich zufälligerweise im Gebiet des Spessartskopfes etabliert
hat – freilich nur als Ortssage und unabhängig vom Nibelungenlied!

Denn eines ist sicher: Die Quelle, die der Nibelungendichter vor
Augen hatte, als er den Mord an Siegfried beschrieb, kann der Siegfriedbrunnen von Grasellenbach nicht sein. Nahezu alle Ortsbeschreibungen des Nibelungenliedes sprechen dagegen: Die Quelle
liegt auf einem Berg – und nicht »vor den Bergen« und schon gar
nicht auf einem »breiten Werder«, auf einer Flußinsel also. Sie liegt
im Odenwald und nicht »vor dem Odenwalde«, wie in der Oten-
haim-Strophe beschrieben. Die spekulative Gleichsetzung von
Otenhaim mit Dautenham, Dotesham oder Dotenham ist genauso-
wenig tragfähig wie der etymologische Brückenschlag von
Weschrain zu Waschemwald.
Einzig der Spessartskopf – früher auch Spessart genannt – könnte
mit dem Spessart des Nibelungenliedes identisch sein. Doch
gerade die Lage der Quelle auf dem Spessartskopf (oder Spessart)
erweist sich bei genauerer Prüfung als Bumerang, als unwiderleg-
barer Gegenbeweis. Laut Nibelungenlied blieb Siegfried nämlich
nichts anderes übrig, als Wasser aus einer Quelle zu trinken, weil
Hagen den Wein zum Spessart gesandt hatte.
Mithin kann die Quelle überall liegen – nur auf dem Spessart nicht.

Die Oase bei Heppenheim

Im Schatten des Spessartskopfes mit seiner fulminanten Brunnen-
werbung gedieh nur spärlich der Ruhm einer Quelle, die erst in
unserem Jahrhundert als Tatort verdächtigt wurde.
Ihre Entdeckung ist dem Darmstädter Archivdirektor Dr. Julius
Reinhard Dieterich zu danken, der um 1920 versuchte, historische
Zusammenhänge zwischen dem Nibelungenlied und dem etwa 15
Kilometer östlich von Worms gelegenen Kloster Lorsch zu erhellen.
Dabei stieß er auf eine Urkunde, in der geschrieben steht, daß eine
ehemals wildreiche Aulandschaft südlich des Klosters vor langer
Zeit als »wasiger Wald« und »Wasenwald« bezeichnet worden ist.
Der Name läßt sich mit ländlichem Sprachgebrauch erklären, der

das Wort »Wasen« für die feuchten Gründe einer Niederung verwendet. Das Wort steckt auch, zu »Waschem« verballhornt, in einigen Ortsnamen dieser Gegend, beispielsweise in Waschembach
vor dem Odenwald.

Da das Jagdgebiet der Burgunden in den Nibelungen-Handschrif-
ten als Waschemwald, Waskenwald und sogar als wasiger Wald
bezeichnet wird, witterte Dieterich eine Fährte, die ihn zur Mordstelle
führen könnte. Er begab sich auf die Pirsch nach Indizien und
machte reiche Beute.

So erwies sich, daß der »wasige Wald« südlich von Lorsch auf einer
von der Weschnitz umflossenen Niederung lag – und damit der
Beschreibung des Nibelungenliedes entsprach, wonach die Jagdgesellschaft auf einem breiten Werder, auf einer Flußinsel also, den
Lagerplatz aufgeschlagen hatte.

Den Ortsnamen »Spessart« stöberte Dieterich in einem Zinsbuch
aus dem 15. Jahrhundert auf. Die vergilbten Blätter überliefern, daß
ein Gebiet mit diesem inzwischen unbekannt gewordenen Namen
nordöstlich von Lorsch am Fuße des Malchenberges liegt – so nahe
und doch so weit vom »wasigen Wald« entfernt, daß Hagen glaubhaft versichern konnte, den Wein irrtümlich in den Spessart gesandt
zu haben.

Nach solchem Jagdglück war Dieterich sicher, daß er auch noch
Otenhaim aufspüren würde.

Seine Nachforschungen wurden begünstigt durch archäologische
Ausgrabungen, bei denen 1904 und 1910 im »wasigen Wald« das
Fundament eines verfallenen Klosters und die Reste eines benach-
barten Adelssitzes zutage gefördert worden waren.

Als Historiker wußte Dieterich, daß Hirsauer Mönche dieses »Hagen
zu Lorse« benannte Kloster im Jahre 1130 erbaut hatten. Initiator
der Klostergründung war Siegfried von Speyer aus dem Hause
Schaumburg, ein Sohn der Uta (Uota) von Calw, die ihren Witwen-
sitz im Edelhof neben dem Kloster »Hagen zu Lorse« bezog und
dort auch bestattet wurde. Dieser Edelhof – so Dieterichs frei-

lich sehr spekulative Vermutung – könnte Uotenhain oder Uotenheim geheißen haben und mit dem Otenhaim identisch sein, von
dem wir in der C-Handschrift des Nibelungenliedes lesen: »Vor dem
Odenwalde ein Dorf liegt: Otenhaim. Da fließt noch der Brunnen...«

Nicht nur ein Brunnen floß dort, sondern es waren gleich sieben
Quellen, die in dieser Gegend entsprangen. Dieterich wollte sich auf
keine festlegen.

Spätere Forscher indes folgten Dieterichs etymologischem Pirsch-
pfad und fanden, was sie suchten: Südlich von Heppenheim – nur
wenige Kilometer von Lorsch entfernt – stießen sie auf eine Wild-
tränke, die seit urdenklichen Zeiten unter dem Namen Lindenbrunnen bekannt war. Verständlich, daß die Gelehrten in Euphorie
gerieten.

Diese Quelle wurde denn auch zur Mordstelle Siegfrieds erklärt.
Man hob einen Brunnenschacht aus und versah ihn später mit
einer Gedenktafel.

Der Brunnen fließt heute nicht mehr. Wo einst wasiger Wald war,
wildreiches Jagdgebiet und Aulandschaft, erheben sich Häuser
auf trockengelegtem Grund.

Der Siegfriedbrunnen von Heppenheim mit seinem Kranz grüner
Bäume ist eine Oase geworden, umlärmt vom Straßenverkehr
und von Bauarbeiten, bei weitem nicht so malerisch gelegen wie
seine Konkurrenz.

Und doch entspricht gerade er am meisten der Mordstelle, wie sie
der Dichter im Nibelungenlied beschreibt. Alles paßt zusammen:
der »wasige Wald«, der »breite Werder« und der »Spessart«. Die
Quelle liegt »vor dem Odenwald« und »vor den Bergen«, die sich
– freilich eher wie Hügel – nördlich von Heppenheim erheben.
Der Name »Lindenbrunnen« läßt darauf schließen, daß Quelle
und Linde zumindest den Jägern in diesem Gebiet allgemein
bekannt waren. Ein Ort in der Nähe hat vielleicht, wie Dieterich
mutmaßte, wirklich Uotenhain, Uotenheim oder Otenhaim gehei-

ßen. Und auch die Entfernung zur Burgundenburg – 15 bis 20 Kilometer – entspricht der Schilderung des Nibelungendichters. Diese Distanz machte es leicht möglich, den toten Siegfried in einer Nacht rechtzeitig zur Frühmesse nach Worms zu schaffen.

Bahrprobe im Münster zu Worms

Der Leichenzug setzte über den Rhein, erreichte bei Morgengrauen die Burgundenburg, und nun sollt ihr – wie der Nibelungendichter schreibt – »von frevelhaftem Übermut und gräßlicher Rache hören«: Hagen gab Befehl, den toten Siegfried vor eine Pforte zu legen, durch die Kriemhild aus ihrer Kemenate täglich zur Frühmesse im Münster zu schreiten pflegte.

Diese Pforte war eine Verbindungstür zwischen dem Wormser Münster und einem Raum im ersten Stockwerk der Bischofsburg. Sie ist heute, nachdem der bischöfliche Anbau längst abgerissen ist, hoch droben in der Münster-Nordwand noch zu sehen, freischwebend gewissermaßen, nachlässig zugemauert.

Vor dieser Pforte also, im Dunkeln, lag Siegfried an jenem Morgen nach dem Mord. Die Glocke läutete zur Frühmesse. Kriemhild weckte ihre Mägde und ließ sich die Gewänder bringen. Der Kämmerer schlurfte mit einer brennenden Kerze herbei und sah vor der Tür einen toten, blutbesudelten Ritter auf dem Boden liegen. Daß Siegfried es war, vermochte er im schwachen Kerzenschein nicht zu erkennen. Erschrocken betrat er Kriemhilds Kemenate: »Ihr sollt stille stehn, es liegt vor dem Gemache ein Ritter totgeschlagen.«

Ohne den Toten gesehen zu haben, wußte Kriemhild, daß nur Siegfried es sein konnte. Sie sank ohnmächtig zu Boden, gewann dann aber wieder das Bewußtsein und stieß einen Schrei aus, daß »all ihre Kemenate davon widerhallte«.

Da sprach ihr Gesinde: »Es kann ein Fremder sein.«
Das Blut aus ihrem Munde brach vor Herzenspein.

Sie sprach: »Es ist Siegfried,   mein geliebter Mann!
Brünhild hat es geraten   – und Hagen hat es getan.«

Sie ließ sich hingeleiten,   wo sie den Helden fand.
Sein schönes Haupt erhob sie   mit ihrer weißen Hand.
So rot war er von Blut,   sie hat ihn gleich erkannt.
Da lag zu ihrem Schmerze   der Held von Nibelungenland.

Da rief in Jammerlauten   die Königin mild:
»O weh mir dieses Leides!   Ich sehe Deinen Schild
von Schwertern nicht zerhauen.   Dich fällte Meuchelmord!
Würde ich den Mörder kennen,   ich wollte rächen Deinen
                                                            [Tod.«

Kriemhild ließ König Siegmund rufen, Siegfrieds Vater, um den
Toten zu beklagen. Siegmund eilte mit 100 Gefolgsleuten durch die
Düsternis des Palastes zu Kriemhild: »Wer hat ihn erschlagen?
Nennt mir seinen Namen, wir wollen Siegfrieds Tod rächen.«

»Ach, wollt' ich ihn nur kennen«,   sprach da die Königin,
»so käme mir die Rache   noch in meinen Sinn!
Ich würde Leid ihm zufügen,   daß all die Freunde sein
mit Jammer weinen müßten   über die Rachetaten mein.«

König Siegmund und die Recken aus dem Nibelungenland wollten
sogleich Rache an den Burgunden nehmen, an allen, ohne nach
einem einzelnen Täter zu fragen, ohne zu bedenken, wie ein Kampf
ausgehen würde. Kriemhild allein bewies Besonnenheit. »Wie stark
auch war ihr Jammer, wie heftig ihre Not« – sie überlegte, daß auf
einen Nibelungen 30 Burgunden kommen würden, daß mithin ein
Angriff nicht dem Mörder, sondern den Rächern zum Verhängnis
werden würde. »Laßt uns warten«, sagte sie, »bis sich die Gelegenheit günstiger fügt und ich sicher weiß, wer der Mörder ist. Dann

werde ich ihm die Tat vergelten. Geduldet Euch bis zu dieser Stunde
und helft mir jetzt, Siegfried aufzubahren.«

Es vermag Euch keiner   so genau zu sagen,
wie Ritter und Frauen   begannen da zu klagen.
Als man des Wehrufs   ward in der Stadt gewahr,
die edlen Bürger kamen   daher in eilender Schar.

Sie fanden Siegfried inzwischen aufgebahrt im Wormser Münster.
Kriemhild kniete vor seinem Leichnam.
Wenn wir dieses Bild beschwören, müssen wir uns den Innenraum
des Domes so vorstellen, wie er sich um 1200 dem Nibelungendichter dargeboten hat: düsterer und schmuckloser als heute, ohne
die lichtüberfluteten Altäre, ohne Gestühl und bunte Kirchenfenster.
Rußgeschwärzt waren damals die Arkaden, Gewölbe und Altäre,
schwach erhellt nur vom Flackerlicht brennender Kerzen und offe-
ner Feuerstellen.
Durch das Nordportal betraten die Nibelungen mit König Siegmund
das Kirchenschiff. Durch das Südportal drängten die Bürger von
Worms. Geistliche sangen traditionelle Trauerchoräle. Die Dom-
glocken erklangen weit über das Land.
Da geschah es, daß Bewegung in die Reihen der Trauergäste kam.
Sie drängten, von leisen Befehlen dirigiert, zur Seite, traten zurück.
Durch ein Spalier betender Menschen schritten König Gunther und
seine Gefolgsleute mit Hagen an der Spitze zur Bahre.
Gunther beugte sich zu der knienden Kriemhild: »Meine liebe
Schwester«, flüsterte er, »wie mußt Du leiden! Wir werden Siegfried
immer beklagen.«
»Würde Euch die Tat wirklich leid tun«, sagte Kriemhild, »dann wäre
sie nie geschehen. Ich wollte, Ihr hättet auch mich getötet.«

Da leugneten sie alle.   Da hub Kriemhild an:
»Die Unschuld zu beweisen —   leicht ist es dargetan,

es muß doch nur ein jeder   hier vor die Bahre gehn,
so daß wir an dem Toten   die Wahrheit können ersehn.«

Kriemhild verlangte mit diesen Worten eine sogenannte Bahrprobe:
Der Verdächtige sollte an die Bahre des Mordopfers treten. War er
der Mörder, würden die Wunden des Toten wieder zu bluten begin-
nen. Heute gehört die Bahrprobe zu den Kuriosa einstigen Rechts-
aberglaubens. Damals indes maß man ihr die Beweiskraft eines
Gottesurteils zu. Der Dramatik solcher Bahrproben waren sich die
Epiker des Mittelalters wohl bewußt. In mehreren Werken – so in
Hartmann von Aues *Iwein* – wird die Konfrontation von Täter und
Ermordetem geschildert. Auch der Nibelungendichter ließ sich
diese Szene nicht entgehen:

> Es ist ein großes Wunder,   wie es noch oft geschieht:
> Wenn man den Mordbefleckten   bei dem Toten sieht,
> so bluten ihm die Wunden,   wie es auch hier geschah.
> Hagen war schuldig!   Jeder es an Siegfrieds Wunden sah!

> Die Wunden flossen wieder   so stark als wie vorher.
> Die erst schon heftig klagten,   die weinten nun noch mehr.
> Da sprach König Gunther: »Nun hört die Wahrheit an:
> Ihn erschlugen Räuber –   Hagen hat es nicht getan.«

Die Bahrprobe galt Kriemhild jedoch mehr als des Königs Wort.
»Ich kenne diese Räuber wohl«, sagte sie zu Gunther, »Ihr und
Hagen habt es getan!« Diesmal kein Widerspruch, kein Leugnen der
Tat, nur Schweigen bei Gunther und Hagen – und schon griffen die
Nibelungen zu ihren Waffen, drauf und dran, Siegfrieds Tod an Ort
und Stelle, im Münster, vor der Bahre zu rächen. Doch wieder war es
Kriemhild, die Siegfrieds Anhänger vor einem für sie verderblichen
Angriff zurückhielt.
Gegen Mittag wurde Siegfried mit kostbaren Tüchern umhüllt und

in einen aus Silber und Gold geschmiedeten Sarg gelegt. Kriemhild
bat darum, bei der Totenwache nicht allein gelassen zu werden. Wer
ihr beistehe, sollte mit Gold beschenkt werden. Da blieben manche
aus dem Volk bei ihr in diesen schweren Stunden. Viele, die früher
arm waren, wurden jetzt reich. Kriemhild sprach:

>»Drei Tage und drei Nächte   will ich verwachen dran,
bis ich mich trenne dann   von meinem lieben Mann.
Vielleicht, daß Gott gebietet,   daß mich auch nimmt der Tod,
so wäre wohl beendet   der armen Kriemhilde Not.«

An dem dritten Morgen   zur rechten Messezeit
sah man bei dem Münster   den ganzen Kirchhof weit
von weinenden und   schmerzerfüllten Leuten voll.
Sie dienten ihm im Tode,   wie man einem lieben Freunde
[soll.

Johannesfriedhof und Gespensterviertel

Wer im ausgehenden Mittelalter nach der Stelle fragte, wo Siegfried
begraben worden war, bekam eindeutige Antwort: draußen auf dem
Heidenfriedhof, gleich bei der südlichen Stadtmauer – im gruselig-
sten und verrufensten Stadtteil, im Gespensterviertel des alten
Worms.
Heute erheben sich dort Neubauten. Von Gräbern ist nichts mehr zu
sehen, von Gespenstergeschichten nichts mehr zu hören. Aber »in
der zweiten Hälfte des 17. Jahrhunderts noch ... erzählte man sich in
Worms von einem unheimlichen Leuchten über den Gräbern des
Heidenkirchhofs ... Man glaubte, daß zur Nachtzeit die Grabhügel
sich öffneten, daß Feuer sie umlodere und die Toten heraustraten.«
So Eugen Kranzbühler in seinem Werk *Worms und die Heldensage*. Und Kranzbühler weiter: »Das ist interessant für diesen Stadtteil, wo ... Steine mit Eisenketten zu sehen waren, mit denen die von

bösen Geistern Besessenen gefesselt zu werden pflegten, wo ... das
Leprosenhaus Angst und Grausen verbreitete, und endlich der Flur-
name ›Schlangenwaag‹ auf uns unbekannte Gefahren weist: alles in
einer Gegend, die ... das mittelalterliche Gemüt mit einer Fülle von
Geheimnissen und Unheimlichkeiten in Spannung gehalten haben
muß.«

Dort, im Zentrum des Gespensterviertels, auf dem verwahrlosten
und geächteten Heidenfriedhof, zwischen Gräbern und windschie-
fen Kreuzen, erstreckte sich ein 15 Meter langer, von zwei großen
Steinen begrenzter Hügel. Darunter sei der ermordete Siegfried
begraben, ein Mann von riesenhaftem Wuchs, so hieß es in einer
Wormser Ortssage. Die Geschichtsschreiber berichteten davon,
und jedes Kind in Worms kannte diese Stelle.

Die Sage war so populär, daß Kaiser Friedrich III. im Jahre 1488 den
Versuch unternahm, Siegfrieds Leichnam zu exhumieren, um damit
die Existenz des Grabes zu bestätigen. In der *Kirschgartner Chronik*
steht darüber geschrieben, daß Friedrich III. für ein Trinkgeld von
vier bis fünf Gulden das »sepulcrum famosum«, das »vielbespro-
chene Grab«, des hürnenen Siegfried auf dem Heidenfriedhof öff-
nen ließ, aber kein Skelett fand.

Im Gegensatz dazu berichtete der Wormser Stadtschreiber Adam
von Schwechenheim, daß man im Auftrag des Kaisers »bisz auff
wasser grub und nichts fand denn einen kopff und etlich gebeyn, die
waren größer denn sonst gemein tot menschen haupt und gebeyn«.
Das Grab wurde wieder sorgfältig zugeschaufelt und blieb bis ins
17. Jahrhundert hinein eine vielbesuchte und in fast allen Wormser
Chroniken erwähnte Sehenswürdigkeit.

Wie es zu dieser Ortssage kommen konnte, läßt sich nicht mehr
feststellen. Wahrscheinlich stützt sie sich aufs *Lied vom Hürnen
Seyfried,* ein anonymes Epos im Hildebrandston, das um 1400 entstand und als »Ergänzung des Nibelungenliedes« (Wilpert, *Deutsches Dichterlexikon*) aufzufassen ist.

Der Nibelungendichter jedenfalls konnte den Hügel auf dem Heidenfriedhof nicht gemeint haben. Denn er schrieb, wie in der Strophe oben nachzulesen ist, daß Siegfried »bei dem Münster« auf dem Kirchhof beigesetzt wurde. Die Ortsangabe läßt keinen Zweifel offen: »bei dem Münster«, gleich vor dem Südportal, gab es einst einen alten Friedhof, den Johannesfriedhof, mit einem im Jahre 1807 abgerissenen zehneckigen Bauwerk, um das sich allerlei Spekulationen rankten.

So berichtete im Jahre 1808 Joseph Görres von den »Trümmern eines der schönsten, alten, rundbogigen Baptisterien«, über die er geschritten sei; und der Germanist Friedrich von der Hagen bezeichnete 1824 in seiner überschwenglichen Begeisterung für das Heldenlied diesen ehemaligen Zehneckbau als »Siegfriedkapelle«, als eine Art Grabmal zu Ehren des ermordeten Nibelungenhelden, obgleich sich kein Indiz für eine solche Behauptung finden ließ.

Leidenschaftslosere Forschungen haben inzwischen ergeben, daß dieser Bau nichts anderes war als eine dem heiligen Johannes geweihte Friedhofskapelle aus der Zeit der Romanik.

Diesen Johannesfriedhof also hatte der Nibelungendichter vor Augen, als er Siegfrieds Bestattung »bei dem Münster« beschrieb. Heute ist vom Friedhof nichts mehr zu sehen. Besucher des Domes können dort auf Kieswegen über gepflegtes Parkgelände spazieren.

Die Hortversenkung: Intrigenspiel der Könige

Kriemhild schritt täglich über den Johannesfriedhof zu Siegfrieds Grab »mit nicht endenwollender Treue« und »einem aufs höchste verwundeten Herzen«, wie es im Nibelungenlied heißt.

Sie hatte es abgelehnt, mit König Siegmund zurückzukehren ins Nibelungenland, wo sie Alleinherrscherin geworden wäre, wo sie ihr Söhnchen bei sich gehabt hätte. Fürstenwürde und Mutterliebe – sie verzichtete auf beides. Ihr war es wichtiger, in der Nähe des toten Gemahls und seiner Mörder zu bleiben, um Rache zu üben. Die Zeit, so hoffte sie, würde ihr Gelegenheit dazu bieten.

Dreieinhalb Jahre sprach sie kein Wort mit Gunther. So wäre es wohl
auch geblieben, hätte nicht Hagen eine Versöhnung zwischen dem
Burgundenkönig und Kriemhild als zweckmäßig empfunden. Er
wollte nämlich den unermeßlichen Nibelungenschatz, der nun
Kriemhild gehörte, nach Worms bringen lassen – zum Nutzen der
Burgunden. »Und das ist nur möglich«, sagte er zu König Gunther,
»wenn Ihr Euch um die Versöhnung mit Kriemhild bemüht und allmählich ihr Vertrauen wieder gewinnt.« Gunther, ebenfalls am
Schatz interessiert, machte das Ränkespiel mit.
Gernot und Giselher fädelten die Versöhnung ein. Kriemhild empfing Gunther zu einem Gespräch, versöhnte sich unter Tränen mit
ihm und glaubte sogar seinen Schwüren, daß er nichts mit dem
Mord an Siegfried zu tun hatte. Ihr Haß und ihre Rachepläne galten
fortan nur einem: Hagen, der sich allerdings vor ihren Augen nicht
blicken ließ.
Alles Weitere verlief nach Plan. Kriemhild ließ sich überreden, den
Hort von ihren Brüdern Gernot und Giselher holen zu lassen. Die
beiden Könige brachen mit 8000 Recken auf und reisten per Schiff
zu dem »hohlen Berg«, in dem der Hort verborgen lag.

> Nun möget ihr von dem Horte   Wunder hören sagen:
> Zwölf Leiterwagen haben   in vier Nächten und Tagen
> ihn aus dem Berg hervor   nur deshalb gebracht,
> weil täglich jeder Wagen   den Weg dreimal hat gemacht.

> Der Hort, er hat bestanden   aus Edelstein und Gold.
> Und wenn man jeden auf der   Welt damit beschenken wollt',
> so würde kaum vermindert   des Hortes hoher Wert.
> Wahrlich, Hagen hatte seiner   nicht ohne Grund begehrt.

Zum Schatz gehörte auch eine goldene Wünschelrute, deren Zau-
berkraft ihren Besitzer zum Herrn der Welt machen konnte: ein Symbol für die Allmacht unermeßlichen Reichtums.

Diesen Reichtum setzte Kriemhild in einer von Hagen nicht beab-
sichtigten und nicht vorhergesehenen Weise ein: Sie beschenkte
Arme und Reiche, vor allem aber die Tapferen und Mächtigen aus
nahen und fernen Landen so großzügig, so verschwenderisch, in
solchem Übermaß, wie man es noch nie erlebt hatte. Zwangsläufig
brachte sie die Beschenkten, die von weither angereist kamen, in
Abhängigkeitsverhältnisse. Ihre Macht begann zu steigen. Und
Hagen – ständig in Erwartung von Kriemhilds Rache – witterte die
Vorbereitungen für einen verräterischen Plan.
»Wenn das so weitergeht«, sagte er zu König Gunther, »dann wird
Kriemhild viele einflußreiche und tapfere Recken in Lehnsdienst
haben. Solche Politik könnte für uns Burgunden sehr gefährlich
werden. Kriemhild darf den Hort nicht behalten. Es muß etwas
geschehen!«
König Gunther indes hatte Mitleid mit seiner Schwester und wollte
zunächst von einem Raub des Schatzes nichts wissen. Hagen aber
ließ nicht locker. »Laßt mich der Schuldige sein«, sagte er zu Gunther, Gernot und Giselher, »Ihr braucht nur so zu tun, als wüßtet Ihr
von nichts.« Unermüdlich beschwor er die Gefahren, die von dem
Schatz drohten, solange Kriemhild ihn verwaltete.

Da sprach König Gernot: »Eh wir solche Pein
um dieses Gold erlitten,   wir wollten's in den Rhein
all versenken lassen.   Dann gehört es niemand an.«
Kriemhild erfuhr davon   und trat zu Giselher heran.

Sie sprach:»Lieber Bruder,   Du sollst gedenken mein,
sollst meines Lebens   und Gutes Beschützer sein.«
Da sprach er zu der Schwester: »Gewiß, es soll geschehn,
wenn wir wiederkommen.   Doch müssen wir jetzt auf Reise
                                        [gehn.«

Ein abgekartetes Spiel: Die Burgundenkönige reisten in ferne Lande.
Kriemhild war ohne Schutz. Allein Hagen blieb in Worms und ...

> Eh der reiche König   wieder war gekommen,
> derweil hatte Hagen   den ganzen Schatz genommen.
> Er ließ ihn bei dem Loche   versenken in den Rhein.
> Er glaubte ihn später zu bergen –   doch das konnte
>   [nimmermehr sein.

Als die Könige heimkehrten, heuchelten sie Erzürnung: »Hagen hat
übel getan«, sagten sie, obwohl sie alles wußten. Denn:

> Bevor von Tronje Hagen   den Schatz also verbarg,
> da hatten sie beschworen   mit Eiden hoch und stark,
> daß es verhohlen bliebe,   solang' sie möchten leben.
> Sie konnten ihn nicht nutzen   noch ihn jemand anderem
>   [geben.

Nur Hagen und die drei Burgundenkönige wußten, wo der Schatz
im Rhein verborgen war.

Schatzgräbergeschichten

Wo der Schatz heute zu finden ist, glaubt Hans Jacobi zu wissen. Er
ist Dr. Ing. Dipl. Ing., ehemaliger Bürgermeister und Baudezernent
von Mainz, seit 1969 pensioniert, Mitglied der Deutschen Akademie
für Städtebau und Landesplanung, ein Mann mit technischem
Sachverstand also, zudem historisch versiert. Für ihn gibt es keine
Zweifel, daß der sagenhafte Nibelungenhort existiert.
Eine solche Annahme kann durchaus richtig sein. Wiederholt schon
sind Schätze, die als Phantasieprodukte von Sagendichtern galten,
überraschend entdeckt worden.
So hieß es zum Beispiel in einer Sage, daß der Westgotenkönig Rec-

Überlieferung des Nibelungenliedes:
Die Handschrift C

Prunkbau im Kloster Lorsch:

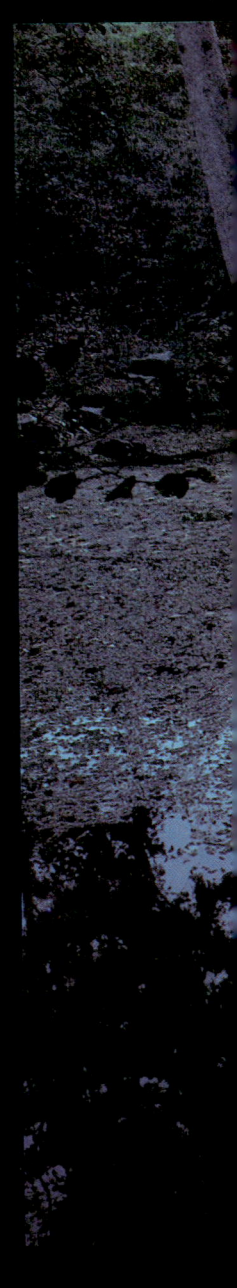

Die Weissagung der Wasserfrauen:
Kelsbachquellen mit Burgruine bei Pförring

Übernachtungsstätte Kriemhilds:
Burg Schaunberg bei Eferding

Reiseweg der Nibelungen:
Römerstraße bei Mautern

Gefängnis des Königs Richard Löwenherz:
Burg Dürnstein im Donautal

Die List des Spielmanns:
Burg Dürnstein

Schauplatz des Untergangs:
Kämpfergestalten in der Arpadenburg

Im Palast König Etzels:
Thron in der Arpadenburg

ceswinth gegen Ende des 7. Jahrhunderts seinen Schatz vor anstürmenden Mauren nahe von Guarrazur bei Toledo vergraben hätte.
Und tatsächlich fanden dort im Jahre 1858 ein Bauer und seine
Frau, die vor plötzlich hereinbrechendem Gewitter Unterschlupf
suchten, in einem verfallenen Gemäuer zahllose Schmuckstücke
aus schwerem Gold, darunter eine Krone mit der Inschrift: »Recces-
vinthus rex offeret« (von König Recceswinth geopfert). Ein Goldschmied kaufte das Geschmeide, grub in dem verfallenen Gemäuer
weiter und holte den Westgotenschatz ans Tageslicht.
Wohl wissend, daß ihm der spanische Hof dafür nur wenig bieten
würde, schmuggelte der Goldschmied den Hort für gutes Geld über
die Grenze nach Frankreich, wo er im Pariser Musée Clury ausge-
stellt wurde. Die Spanier machten ihre Ansprüche geltend und bekamen ihn denn auch – gut Ding braucht Weile – im Jahre 1943
zurück. Heute ist der Schatz im Nationalmuseum von Madrid zu
sehen.
Die Entdeckungsgeschichte eines anderen, ebenfalls sagenhaften
Schatzes liest sich wie eine Kriminalkomödie: In den Ausläufern der
Karpaten, unweit des rumänischen Dorfes Pietrosa, bei den Wasser-
fällen von Urgoaia, stießen im Jahre 1837 die Steinbrucharbeiter Ion
Lemnaru und Stan Avram in einer teilweise eingestürzten Höhle auf
goldene, mit Edelsteinen verzierte Kronen, Schalen, Armreife, Hals-
ketten, Platten und Becher. Sie verscharrten den Schatz wieder und
nahmen nur einige Schmuckstücke mit, die sie dem Steinmetzmei-
ster Anastasio Verussi für einen Liter Branntwein gaben. Anastasio
Verussi fuhr unverzüglich nach Bukarest und zeigte das Geschmeide einem Antiquitätenhändler, der, als er von dem Schatz
in der Höhle erfuhr, nur mühsam seine Euphorie unterdrücken
konnte: »Bring das andere Zeug auch her«, sagte er, »ich geb' dir für
den ganzen Krempel 4000 Piaster.« Für diesen Betrag konnte man
damals eine gesunde Kuh erwerben, an der nichts auszusetzen
war.
Anastasio Verussi, Ion Lemnaru und Stan Avram waren mit diesem

Handel einverstanden und gruben den Schatz in der Steinbruch-
höhle aus. Da die Kronen und einige Platten sich als lästig groß
erwiesen für den Transport nach Bukarest, schlug Verussi sie mit
einer Axt in handliche Stücke. Dabei fielen einige Kronjuwelen zu
Boden, bunte Steinchen, die später Ion Lemnarus Kindern zum
Murmelspiel auf der Dorfstraße dienten – und dort einem vorüber-
gehenden Gutsverwalter ins Auge stachen. Der Gutsverwalter versuchte, ein Schweigegeld zu erpressen. Da ihm Ion Lemnaru jedoch
nichts zahlen konnte, ging er pflichtbewußt zur Polizei.

Nun kam der Stein ins Rollen.

Historiker, Schmuckfachleute und Kriminalbeamte bildeten eine
Sonderkommission, verhörten die drei Schatzgräber und nahmen
die Spur zu dem Bukarester Antiquitätenhändler auf, der inzwischen Goldschmiede damit beauftragt hatte, die beschädigten
Kronen und Platten mit Kunstverstand zusammenzuflicken.

Alle Beteiligten an der Affäre – die drei Schatzgräber, der Antiquitätenhändler und der verhinderte Erpresser – kamen ins Gefängnis.

Der Schatz wurde zur fachmännischen Untersuchung ins Bukarester Kunstmuseum gebracht, dort aber so nachlässig bewacht,
daß ihn ein von Geldnöten geplagter Kunststudent namens Pawel
Pentczesco stehlen konnte.

Pawel Pentczesco überlegte ganz richtig, daß er nicht die inzwischen registrierten Museumsstücke, wohl aber das Gold versil-
bern konnte. Er kaufte einige Tiegel und war gerade drauf und
dran, den Schatz einzuschmelzen, als Kriminalbeamte in seine
Studentenbude stürzten und im letzten Augenblick das Feuer aus-
bliesen. Einige unschätzbare Wertgegenstände allerdings waren
durch die Hitzeeinwirkung schon deformiert und leicht zerflos-
sen.

Während der Polizeiaktion gab es noch eine Überraschung. Ein
musikalisch veranlagter Kriminalbeamter klimperte gedankenverlo-
ren auf dem Klavier des Studenten herum, stutzte über unerwartete

Mißklänge, hob den Klavierdeckel – und siehe: Auf den Saiten lag eine prächtige Herrscherkrone, die Pawel Pentczesco, ein Mann von Geschmack, zu seiner persönlichen Freude aufgehoben hatte. Nach solchen Aufregungen bekamen die Experten nun genügend Zeit, die durch Axthiebe und Feuer arg beschädigten Kronen, Schalen, Platten und Schmuckstücke eingehend zu untersuchen. Sie stellten fest: Es handelte sich um den Schatz des Ostgotenkönigs Athanarich – um den größten entdeckten Schatz aus der Völkerwanderungszeit. Damit war als historische Tatsache erwiesen, was bisher als sagenhafte Erzählung galt: Athanarich hatte den Hort um 375 in einer Höhle vergraben lassen, bevor Hunnenscharen die Ostgoten angriffen.

Der Schatz im schwarzen Loch

Vor anstürmenden Hunnenscharen könnte auch der Nibelungenschatz in Sicherheit gebracht worden sein. Geschichtliche Zusammenhänge für diese Theorie sind gegeben. Die Burgunden, ursprünglich Angehörige eines ostgermanischen Volksstammes, waren von Bornholm aus über die Niederlausitz und das Maingebiet bis zum Rhein gezogen, wo sie der Feldherr Aetius im Jahre 406 zu römischen Föderaten für das Gebiet um Worms und Mainz ernannte. Als der in Worms residierende König Gundahar im Jahre 435 die römische Provinz Belgica erobern wollte, rief Aetius den gefürchteten Hunnenkönig Attila zu Hilfe, dessen Reiterhorden die Burgunden im Jahre 437 vernichtend schlugen.
Und hier setzen die Überlegungen vieler Nibelungenforscher ein: Ohne Zweifel, so sagen sie, besaßen die Burgunden einen gewaltigen Schatz. Möglich, daß ihr Kanzler oder Schatzmeister unmittelbar vor Attilas Ansturm diesen Schatz verbarg, vielleicht in den Rhein versenkte. Durchaus denkbar, daß der Nibelungendichter, der sein Lied zum Teil auf historische Ereignisse stützte, einen zu seiner Zeit noch mündlich überlieferten oder gar schriftlich festgehaltenen

Bericht von der Versenkung des Schatzes episch verarbeitet hat –
freilich in einem ganz anderen Zusammenhang: als dramatisches
Element einer Geschichte von Liebe, Mord, Verrat und Rache.
Vorausgesetzt, der Nibelungendichter hätte mit der Hortversenkung
ein historisch verbürgtes Ereignis geschildert, dann könnte Dr.
Jacobi recht haben, wenn er sagt: Der Nibelungenhort ist eine Reali-
tät. Dann müßte man den Schatz auch finden können.
Es fragt sich nur, wo?
»Bei dem Loche« ließ Hagen den Schatz versenken, heißt es im
Nibelungenlied. Über diese Formulierung – original: »ze Lôche« –
sind allerlei Überlegungen angestellt worden. »Loch ist am Rhein die
typische Bezeichnung für gefährliche, schwer passierbare Stellen«,
schreibt der Historiker Eugen Kranzbühler in seinem Buch *Worms
und die Heldensage*. Die einzige dafür in Frage kommende Stelle
nahe von Worms findet sich 15 Kilometer nördlich bei Gernsheim.
Sie heißt heute noch »schwarzes Loch« oder »schwarzer Ort«. Dort
gab es ein in alten Urkunden verzeichnetes Dorf namens Lochheim,
das im 13. Jahrhundert bei einer Überschwemmung völlig zerstört
wurde.
Der Rhein, ansonsten nur wenige Meter tief, biegt sich an dieser
Stelle zu einer engen Kehre, die durch zentrifugale Kräfte der Strömung bis auf 18 Meter Tiefe ausgestrudelt ist und in der Tat ein
schwer passierbares, ehemals unfallträchtiges »schwarzes Loch«
bildet – einen »schwarzen Ort« in der Geschichte früher Rheinschiff-
fahrt.
Heute ist das Ufer mit Dämmen gesichert und mit gleichmäßig verteilten Pappeln bepflanzt. Von der Terrasse einer Gaststätte aus kann
man auf den »schwarzen Ort« blicken, den der Nibelungendichter
wohl vor Augen hatte, als er schrieb, wie Hagen das Gold in den
Rhein versenkte. »Rheingold« heißt die Gaststätte denn auch.
Wiederholt haben sich dort schon Taucher am wohlverdienten Bier
gelabt, nachdem sie, vom Nibelungenlied ermuntert, in der extrem
tiefen Rheinstelle nach dem Hort gesucht hatten.

Dem Rheingold auf der Spur?

Über solch dilettantische Schatztaucherei kann Dr. Jacobi nur
lächeln. Zwar hat auch er den Schatz bisher nicht gehoben, aber es
gibt keinen, der sich in die historischen und technischen Probleme
um den Nibelungenhort mehr versenkt hat als er.
Ich traf mich mit ihm 1985 auf der Frankfurter Buchmesse. Ein
Mann voll Unternehmungsgeist. Schultern wie ein Gewichtheber,
dröhnende Baßstimme, vive Augen. Zwei Mensurschmisse lassen
auf organisierte Geselligkeit während seiner Studentenzeit schließen. Man sieht ihm nicht an, daß er seit 1969 im Ruhestand lebt.
Schatzgräberei scheint jung zu halten, auch wenn man den Schatz
nicht findet.
»Wenn wir uns mit dem Problem befassen wollen«, sagt er, »dann
müssen wir uns in die Zeit der Hortversenkung denken, in die Rolle
des Täters.«
Er beugt sich vor. »Was würden wir heute tun, wenn wir, aus wel-
chem Grund auch immer, plötzlich zu Reichtum kämen, den wir
geheimhalten wollen?«
»In die Schweiz damit«, sagte ich, »aufs Konto einer vertrauens-
würdigen Bank.«
»Ich meine natürlich einen Schatz wie den Nibelungenhort, den
Siegfried erwarb, indem er Schilbung und Nibelung, zwölf Riesen
und dazu 700 Männer erschlug. Einen riesigen Schatz. Sie wissen
ja, zwölf Leiterwagen mußten vier Tage und Nächte jeweils dreimal
hin und her fahren, um den Schatz aus dem Versteck zu holen.
Einen solchen Hort also müßten wir verstecken. An einer Stelle, wo
keine Spuren von Grabungsarbeiten zurückbleiben. Was machen
wir?«
Wenn uns jemand zuhört, dachte ich, holt er die Polizei.
»Wir machen dasselbe wie Hagen«, gab ich leise zur Antwort, »allerdings sollten wir den Hort wiederfinden und heben können.«
»Richtig!« Dr. Jacobi kommt nun auf die Frage zu sprechen, wo der

Schatz versenkt wurde. Seine Überlegungen führen wie geometri-
sche Linien zu einem Punkt: zum »schwarzen Ort« bei Gernsheim.
»Das ist die ideale Stelle. Dort müssen wir den Schatz versenken,
behutsam deponieren, in Gefäßen, die vom Wasser nicht zerstört
werden, in Amphoren beispielsweise. Mit Visierlinien kann die Stelle
der Versenkung so präzise festgelegt werden, daß wir sie bei späteren Bergungsarbeiten wiederfinden. Die Bergung der Gefäße ist
kein Problem und war es übrigens auch nicht zur Zeit der Hortversenkung.«
»Die Amphoren müßten Henkel haben, in die sich Anker einhaken«,
fiel mir ein.
»Zum Beispiel.« Dr. Jacobi nickt. »Auf diese Weise könnten wir
einige Jahre nach der Versenkung unseren Hort bergen. Den Nibelungenschatz kann man allerdings so nicht mehr heben, denn er
liegt nicht mehr im Wasser des Rheins.«
Und nun entwickelt Dr. Jacobi seine Theorie. Sie ist nicht beweisbar,
entbehrt auch nicht der Logik, ist aber reichlich kompliziert. Verein-
facht läßt sie sich so zusammenfassen: Die äußere Uferseite der
haarnadelartigen Rheinkurve, wo die zentrifugalen Kräfte des Wassers am wirksamsten sind, wird im Laufe der Zeit ausgeschwemmt,
abgetragen und somit nach außen verschoben. Die innere Uferseite
rückt gleichzeitig durch Erdrutsch und Aufschwemmung nach und
bildet neues Land, denn der Fluß hat die Tendenz, immer gleich
breit zu bleiben. Die vor Jahrhunderten im Rhein deponierten
Gefäße mit Edelsteinen und Gold – schwerer als Wasser und auch
schwerer als das Erdreich – machen diese Fliehkraftbewegung des
Flußbettes nicht mit und werden von der nachrückenden Innenseite
verschüttet. Mithin muß der Hort irgendwo unter dem neugebilde-
ten Land innerhalb der Kurve liegen, 18 Meter tief.
Wie weit der Hort vom jetzigen Rheinufer entfernt liegt, läßt sich, so
Dr. Jacobi, ziemlich genau berechnen. Das von ihm ermittelte
Gelände wird heute landwirtschaftlich genutzt. Mit dem Besitzer hat
Dr. Jacobi einen Vertrag geschlossen.

Die Schatzhebung freilich ist beim gegenwärtigen Stand der Technik ein unlösbares Problem. Denn alle Instrumente, die unterirdisches Metall aufzuspüren vermögen – wie Förstersonden, Minensuchgeräte und dergleichen –, versagen bei einer Tiefe von 18 Metern. Und wenn man die Stelle des unterirdischen Schatzes nicht auf zehn mal zehn Meter genau weiß – und so exakt vermag Dr. Jacobi die Verschiebung des Rheinbettes nicht zu bestimmen –, dann ist das finanzielle Risiko zu hoch. Ein einziger Schacht von zehn mal zehn Metern nämlich, 18 Meter tief in den grundwasserreichen Boden getrieben, würde mehr als 100 000 Mark kosten. Ein Spottgeld, wenn der Schatz dort gefunden wird. Hinausgeworfenes Geld, wenn eine andere Theorie richtig wäre, wonach dort gar kein Schatz liegen kann.

Dieser Theorie zufolge hat der Nibelungendichter mit dem Gold im Rhein etwas ganz anderes gemeint.

Der Rhein führte nämlich – wie fast alle größeren Flüsse, wie Donau, Rhône, Isar, Inn oder Elbe – feine Flimmer aus Gold, die früher zu allerlei Ortssagen von versunkenen oder versenkten Königsschätzen herausgefordert haben. Das Gold, vor allem in Flußkrümmungen am Ufer oder auf Sandbänken abgelagert, wurde von Goldwäschern in mühseliger Kleinarbeit »abgestrichen« oder aus Kiesel herausgeschmolzen. Schon Diodor – der römische Geschichtsschreiber aus den Zeiten Iulius Caesars und Augustus' – berichtet von solcher Goldsuche. Und Otfried von Weissenburg (um 800–870) schrieb in seiner Ludwig dem Deutschen gewidmeten *Evangelienharmonie* über den goldführenden Sand im Rhein.

Die Goldwäscherei wurde bis zu Beginn unseres Jahrhunderts betrieben. Heute wie damals glitzern nach Überschwemmungen da und dort noch Goldflimmer auf Sandbänken, doch ist die Ausbeute zu beschwerlich und zu zeitraubend, als daß sie in unserer Zeit noch Gewinn bringen würde.

Früher war das Geschäft zumindest für die Besitzer einträglich. Die Fundstellen – Flußkrümmungen vor allem – gehörten den kirch-

lichen und weltlichen Herren. Bemerkenswert ist, daß der Mainzer
Kurfürst Emerich Joseph, der das Regal über Gernsheim besaß, im
Jahre 1772 aus dem beim »schwarzen Loch« gewonnenen Gold
Dukaten mit der Aufschrift »Aurum Rheni« (Rheingold) prägen ließ.
Einige Jahrhunderte zuvor, um 1200 – als das Nibelungenlied entstand –, hatte die Schürfrechte dort das reiche und weithin bekannte
Kloster Lorsch.
Der Nibelungendichter könnte also mit dem bei »ze Lôche« versenkten Nibelungenhort im übertragenen Sinne das Rheingold im
»schwarzen Loch« gemeint haben. Diese Theorie gewinnt insofern
an Karat, als Lorsch in interessanten Beziehungen zum Nibelungenlied steht: Der Dichter hat das Kloster wahrscheinlich gekannt und
sogar als Bühnenbild verwendet.

Kloster Lorsch: »Ein Wunder an Pracht und Schönheit«

In Lorsch bezog Königin Ute – die Mutter Kriemhilds und der burgundischen Könige – nach der Hortversenkung ihren Alterssitz.
Später wurde sie dort begraben, wie es in der Handschrift C heißt:

> Da stand für Frau Ute   ein Sedelhof bereit
> zu Lorsch bei dem Kloster,   reich, groß und weit.
> Dorthin zog die Witwe   von ihren Kindern fort.
> Es ruht die hehre Königin   in einem Sarge dort.

Bald nach der Übersiedlung aus Worms machte Ute ihrer Tochter
Kriemhild den Vorschlag, zu ihr zu ziehen: »Bei mir zu Hause läßt Du
gewiß das Weinen sein.«
Kriemhild, ihres Schatzes und mithin der Möglichkeit zur Rache
beraubt, sah keinen Grund mehr, in Worms zu bleiben. Sie war
bereit, an der Seite ihrer Mutter ein Leben in Resignation zu führen.
Nur eine Bedingung stellte sie: Der Leichnam Siegfrieds sollte in
Worms aus dem Sarg gehoben und nach Lorsch überführt werden.

Da schuf die Schmerzensreiche,   daß er ward ausgegraben.
Sein Gebein, das edle,   wollte sie immer bei sich haben.
Zu Lorsch bei dem Kloster   ward er bestattet gut.
Der kühne Recke jetzt   in einem langen Sarge ruht.

Diesen langen Sarg gibt es tatsächlich in Lorsch.
Um seine sonderbare Geschichte zu verfolgen, müssen wir kurz in
die Vergangenheit von Lorsch zurückblenden: Das Kloster wurde
während der letzten Herrscherjahre Pippins des Jüngeren (um
714–768) gegründet und war bald »ein Wunder an Pracht und
Schönheit«, wie es in der Metzer Chronik heißt. Der gesamte
Klosterbezirk innerhalb der Wehrmauern umfaßte rund 25 000
Quadratmeter und erhob sich auf einem nach Osten hin ansteigen-
den Hügel, weithin sichtbar, gleichsam gekrönt von der gewaltigen
Turmgruppe des Westbaus und der langgestreckten Hauptkirche.
Vom Westtor her führte eine *via sacra* (heilige Straße) durch die
Königshalle zur Klosterkirche.
Die heute noch erhaltene Königshalle ist eines der ungewöhnlich-
sten Bauwerke aus historischer Zeit: eine Synthese verschiedener
Stilrichtungen, eine Mischung aus germanischer Festhalle und
Römertor, verfremdet durch die teppichartige Wandverkleidung
aus weißen und roten Steinplatten nach dem Vorbild orientalischer
Paläste. Ein Geniestreich karolingischer Architektur, gewagt und
geglückt. Im Jahre 774 wurde die Königshalle fertiggestellt, gerade
rechtzeitig zur Klostereinweihung, an der Karl der Große und seine
Söhne teilnahmen.
Kaiser Karls Nachfolger statteten Lorsch als Reichsabtei mit einem
Netz von Großgrundbesitzen zwischen Utrecht und Basel aus.
Ludwig der Deutsche – Kaiser Karls Enkel – fühlte sich Lorsch so
verbunden, daß er die Abtei als seinen Begräbnisort bestimmte und
eine Gruftkirche errichten ließ, die wegen ihrer farbenprächtigen
Ausstattung *ecclesia varia* (bunte Kirche) genannt wurde. Außer
Ludwig dem Deutschen fanden dort auch sein Sohn, sein Enkel und

einige, zum Teil urkundlich nicht erwähnte Fürsten und Fürsten-
witwen ihre letzten Ruhestätten in prunkvollen Steinsärgen.

Seit Ludwig dem Deutschen entwickelte sich die Reichsabtei Lorsch
zu einem politischen, kirchlichen und kulturellen Zentrum von
hohem Rang, zum Treffpunkt von Kaisern und Königen, von Päp-
sten und Kirchenfürsten, von Dichtern, Malern und Sängern.
Im 13. Jahrhundert – nach der Niederschrift des Nibelungenliedes –
verlor Lorsch an Bedeutung. Einige ungeschickte Äbte und Prälaten
verspielten Macht und Einfluß, das Kloster wurde von verschiedenen Institutionen verwaltet und schließlich im Dreißigjährigen Krieg
niedergebrannt. Übrig blieben nur die Wehrmauern, die Königshalle
und das Mittelschiff der Vorkirche.

Siegfrieds Sarg: Ein Viehtrog im Pferdestall

Ein kurmainzischer Förster entdeckte im Jahre 1802 unter Trümmern und vermodertem Gebälk die zum Teil eingestürzte Gruftkirche. Mit Hilfe von herbeigerufenen Bauern aus der Umgebung
holte er einige Särge heraus.
Besonders interessant schien ihm ein mit ionischen Ornamenten
geschmückter Sarkophag in Truhenform. Den Inhalt – ein Skelett
und mehrere Pergamentrollen – warf er einfach weg. Die Pergamentrollen, so gab er später zu Protokoll, seien für einen normalen
Menschen sowieso nicht zu lesen gewesen.
Gelehrte werden heute noch blaß vor Ärger, wenn sie daran denken.
Denn aller Wahrscheinlichkeit nach war es das Skelett von Ludwig
dem Deutschen, das in diesem Sarg lag. Abgesehen vom Verstoß
gegen die Pietät beklagen die Wissenschaftler den Verlust der Pergamentrollen, die wohl Überlieferungen von unschätzbarem Wert
verheißen hätten.
Auch einige Särge und Grabbeigaben verschwanden spurlos.
Viele Jahre später wurde durch Zufall ein Sarg in einem Pferdestall
nahe von Lorsch entdeckt. Er diente dort als Viehtrog, und der Pfer-

dezüchter hatte ein Loch zum Abfluß des Wassers hineingebohrt. Wo der Sargdeckel geblieben war, wußte er nicht, es interessierte ihn auch nicht, da ein Trog, wie man wohl begreifen wird, keinen Deckel braucht.

Der Sarg ist 2,40 Meter lang, länger als die Särge sonst zu jener Zeit. Ein »langer Sarg« also – wie im Nibelungenlied als letzte Ruhestätte von Siegfried beschrieben!

Forscher holten sehr zum Verdruß des protestierenden Pferdezüchters den Sarg aus dem Stall, unterzogen ihn einer fachmännischen Untersuchung und entdeckten an der Innenseite, aus dem Sandstein konvex herausgehauen, Darstellungen des Kreuzes und der Weltesche Yggdrasil: die Symbole des christlichen Glaubens und des germanischen Mythos.

Diese einzigartige Kombination widersprüchlicher Sinnbilder läßt den Schluß zu, daß dieser Sarg einer interessanten Persönlichkeit als letzte Ruhestätte gedient haben muß, einem Mann, der – wie Siegfried aus dem Nibelungenlied – auf der Schwelle zwischen germanischer Religion und Christentum stand. Siegfried war, wie schon erwähnt, eine »gespaltene« Persönlichkeit: auf der einen Seite ein Mensch mit den Eigenschaften und Zügen eines Ritters christlicher Prägung; andererseits eine klassische Gestalt des Mythos: Drachenkämpfer, Besitzer der magischen Tarnkappe, übermenschlich stark, unbesiegbar, unverletzlich bis auf eine verwundbare Stelle.

Wer einst in diesem Sarg gelegen haben mag, werden wir wohl nie erfahren. Daß Siegfried oder sein historisches Vorbild es war, ist unwahrscheinlich. Wahrscheinlich hingegen ist, daß der Dichter des Nibelungenliedes diesen damals sicherlich schon allgemein bekannten »langen Sarg« in Lorsch gesehen – und als Requisit verwendet hat, als Zubehör zur Bühnenausstattung seines Heldenepos.

Gegen geringes Entgelt kann jeder heute den »langen Sarg« in Lorsch besichtigen.

Verrat und Rache
Die Reisewege der Nibelungen

Der Treu-Eid des Markgrafen

Kriemhild übersiedelte entgegen ihrer ursprünglichen Absicht nie nach Lorsch, um Siegfried bis an ihr Lebensende zu betrauern. Denn vorher noch hatte sich überraschend die Gelegenheit zur Rache geboten.

Ein neuer Abschnitt im Nibelungenlied beginnt – der zweite Teil, das Epos von Verrat und Rache, das Lied vom Untergang. Der Nibelungendichter löst seine Geschichte aus dem Rheingebiet, wechselt das Bühnenbild und bringt neue Personen ins Spiel:

Auf der Etzelburg im fernen Gran an der Donau (heute Esztergom, 60 Kilometer vor Budapest gelegen) residierte Etzel, König der Hunnen, Gebieter über viele eroberte Königreiche und Fürstentümer, der »gewaltigste Herrscher von der Rhône bis zum Rhein, von der Elbe bis zum Meer«.

König Etzels Gemahlin, die schöne, reiche und tugendsame Helche, war gestorben. Mit Etzel trauerten seine Untertanen, die Jungfrauen am Hof und viele treuergebene Lehnsmänner: Christen und Heiden, die auf seiner Burg ihre Heimat gefunden hatten.

Diese Gefolgsleute rieten König Etzel, eine neue Gemahlin zu nehmen, und zwar die »höchste und beste, die ein König je gewann«: Kriemhild – Siegfrieds Witwe, die auf dem Burgundenhof zu Worms seit vielen Jahren in Trauer lebte.

> Da sprach der reiche König: »Wie ginge das wohl an?
> Ich bin ein Heide,   ein ungetaufter Mann,
> sie jedoch ist Christin;   sie tut es nimmermehr.
> Ein Wunder müßt' es heißen,   käme sie jemals hierher.«

»Ich kenne die burgundischen Könige von Kindheit an«, sagte Rüdi-
ger von Bechelaren, mächtigster und einflußreichster Gefolgsmann
Etzels, der üblicherweise als Markgraf auf seiner Burg in Bechelaren
residierte. Rüdiger riet ebenfalls zur Heirat mit Kriemhild, er schil-
derte ihre Schönheit und Tugend und wußte Etzel so zu begeistern,
daß er den Auftrag erhielt, als Brautwerber nach Worms zu reisen.
Mit 500 Recken aus dem Hunnenland zog Rüdiger an den Rhein.
Zwischenstation machte er in Wien und in Bechelaren bei seiner
Gemahlin Gotelind und seiner Tochter.
Von Bechelaren aus ging es weiter westwärts. Die Reisegesellschaft
kam bald durch ein von Räubern bedrohtes Gebiet, ohne indes
»angerannt« zu werden, wie es im Nibelungenlied heißt.
Binnen zwölf Tagen erreichte Rüdiger die Burgundenburg, wo er,
sogleich als Freund erkannt, in allen Ehren aufgenommen und mit
ungewöhnlicher Herzlichkeit empfangen wurde.
Drei Tage Bedenkzeit wünschten die Könige, um den Antrag des
Hunnenkönigs zu beraten. Als sie mit ihren engsten Gefolgsleuten
allein waren, . . .

> Da wollten alle zusagen,   außer einem, Hagen.
> Zu König Gunther   hörte man ihn sagen:
> »Habt Ihr kluge Sinne,   so seid wohl auf der Hut!
> Wenn sie auch zustimmt,   so rat' ich, daß Ihr's nimmer tut.«

Seine Bedenken begründete Hagen so: »Wenn sie Etzel nimmt,
dann werden ihr unzählige tapfere Männer unterstellt, dann wird
sie uns viel Leid zufügen.«
Doch nur Hagen war gegen diese Verbindung – sonst keiner. Die
Könige kamen überein, sich nicht zu widersetzen, wenn Kriemhild
zusagen würde. Rüdiger durfte ihr die Botschaft König Etzels persönlich überbringen.

Da sprach zu ihm die Königin: »Markgraf Rüdiger,
wenn meines Herzenleides   jemand kundig wär',
der würde mir nicht raten   zu einem zweiten Mann.
Ich verlor den Besten,   den je ein Weib noch gewann.«

»Nichts läßt den Schmerz leichter vergessen als freundliche Liebe«,
sagte Rüdiger. Beredt versuchte er, Kriemhild zu überzeugen, daß
ihr eine Vermählung mit König Etzel nur Freude und Vorteile bringen würde.

Kriemhild erbat Bedenkzeit bis zum nächsten Morgen, der Höflichkeit halber, ohne eine Zustimmung ernstlich in Erwägung zu ziehen.

»Es ist meine Pflicht, um Siegfried zu weinen – nichts anderes«,
sagte sie zu ihrem Bruder Giselher und zu ihrer Mutter. Nachts lag
sie schlaflos. Ich bin doch eine Christin, dachte sie bei sich, und alle
Welt würde meine Vermählung mit einem Heiden als Schande empfinden.

Als Rüdiger am nächsten Morgen nach der Messe zu ihr trat, sagte
Kriemhild ab. Doch der Brautwerber gab nicht auf: »Das wäre falsch
getan. Ihr würdet Eure Schönheit verderben lassen – und könntet
doch in hohen Ehren die Gemahlin eines edlen Mannes sein.« Er
wartete eine Weile und sagte dann vertraulich: »Ich will Euch für alles
entschädigen, was Euch je geschehen. Jeder müßte es büßen, der
Euch irgend etwas zuleide getan hätte.«

Rüdiger, der »Vater aller Tugenden«, wie ihn der Nibelungendichter
nennt, meinte freilich nur zukünftige Beleidigungen, die seiner Herrin zugefügt werden würden. Doch Kriemhild begriff mit einem Mal
ihre einzigartige Chance, als Gemahlin eines mächtigen Herrschers
den Mord an Siegfried mit einer Teufelei zu rächen – vorausgesetzt,
sie würde Rüdiger, den mächtigsten Gefolgsmann Etzels, zu einem
persönlichen Treu-Eid verpflichten und damit als Beschützer bei
allen späteren Taten gewinnen. Mochten diese Taten, mörderisch
und intrigant geplant, auch noch so gegen den Ehrenkodex des Rit-

tertums verstoßen. Daß sie immer nur Siegfried liebte, daß sie Etzel niemals lieben würde, war ihr keinen Gedanken mehr wert. Ihre Pflicht, Siegfried zu rächen, schätzte sie höher ein als ihren Wunsch, Siegfried die Witwentreue zu halten. Sie kümmerte sich nicht weiter um das Gerede der Leute, nicht um die Schande, Gemahlin eines Heiden zu werden. Rüdigers Worte veränderten Kriemhilds Haltung von einer Sekunde auf die andere:

> Davon ward erleichtert   der Fraue wohl der Mut.
> Sie sprach:»So schwört mir, Rüdiger,   was mir auch
> [jemand tut,
> Ihr wollt der erste werden,   der rächen will mein Leid.«
> Da sprach zu ihr der Markgraf: »Dazu bin ich, Frau, bereit.«

> Mit allen seinen Mannen   schwur ihr da Rüdiger,
> ihr immer treu zu dienen,   und daß die Recken hehr
> ihr nichts versagen wollten   in König Etzels Land,
> was ihre Ehre heische.   Das gelobt ihr Rüdigers Hand.

> Da dachte die Getreue: Wenn ich gewinnen kann
> so viele tapf're Freunde,   so denk' ich nicht daran,
> was auch die Leute reden   in meines Jammers Not.
> Vielleicht wird gerächet   doch meines lieben Mannes Tod.

Sie äußerte noch ein paar leichthin gesagte Bedenken gegen eine Vermählung mit einem Heiden, wohl wissend, daß Rüdiger ihr akzeptable Gegenargumente liefern würde. Rüdiger erinnerte denn auch an die vielen christlichen Ritter auf der Etzelburg und stellte sogar in Aussicht:»Vielleicht könnt Ihr erreichen, daß mein Herr ein Christ wird und sich taufen läßt.«
Da sagte Kriemhild:»So soll es denn geschehen. Ich arme Königin will Euch folgen und fahre zu den Hunnen!«

Die Pferde mußten schwimmen

Viereinhalb Tage dauerten die Vorbereitungen zur Reise, dann nahm Kriemhild tränenreich Abschied vom Burgundenhof, von der Stätte ihrer Kindheit, ihres Glücks und ihrer Trauer. In ihrer Gesellschaft reisten 100 Hofdamen, Markgraf Eckewart mit 500 burgundischen Recken und Markgraf Rüdiger mit seinen 500 Hunnen. König Gunther begleitete seine Schwester nur bis vor die Tore der Stadt. Gernot und Giselher gaben ihr mit 1000 Mann befristetes Ehrengeleit bis zur Donau. Dort, bei Vergen, wollten sie umkehren.

Eilboten ritten unterdessen voraus ins Hunnenland, um König Etzel mitzuteilen, »daß ihm Rüdiger zum Weibe erworben hatte die edle Königin«.

Laßt die Boten reiten! Wir tun Euch indes bekannt,
wie die Königstochter fuhr durch das Land,
und wo von ihr schieden Giselher und Gernot.
Sie hatten ihr gedient, wie ihre Treue gebot.

Sie kamen an die Donau gen Vergen nun geritten.
Da begannen sie um Urlaub die Königin zu bitten,
weil sie wieder wollten reiten an den Rhein.
Da konnte ohne Tränen dieser Abschied nicht sein.

Es fällt auf, daß der Nibelungendichter etwa ein Drittel der gesamten Strecke von Worms zur Etzelburg kommentarlos überspringt und seine Reisebeschreibung erst in Vergen beginnt, einem Ort an der Donau, benannt nach den Fergen (Fährleuten), die dort seit Menschengedenken Reisende übersetzten. In Vergen – dem heutigen Pförring, etwa 20 Kilometer östlich von Ingolstadt – liefen einst germanische Rennwege, Römerstraßen und mittelalterliche Heerwege zusammen. Zum Schutz der allge-

mein bekannten Überfuhr errichteten die Römer das Kastell
Celeusum. Karl der Große setzte dort mit seinem Heer über, als er
den Aufstand des Agilolfingerherzogs Tassilo III. niederschlug.
Kreuzfahrer- und Kriegsheere, Kaufleute, Eilboten und Reisende
aller Art kamen auf der West-Ost-Route zwangsläufig nach Vergen,
wo sich die Flußüberquerung so abspielte:
Alle Pferde wurden in den Strom gepeitscht und mußten schwimmen; die Menschen pferchte man in etwa 25 Meter lange und vier
Meter breite Boote, die leicht kentern konnten; der Ferge steuerte,
die Strömung als Antrieb nutzend, sein Fährboot mit einem breiten
Heckruder, das durch einen Metallring gesteckt wurde. Brachen
Ruder oder Ring, trudelte das Boot steuerlos.
Einen größeren Heerhaufen mit immer wieder hin- und herfahren-
den Schiffen überzusetzen, dauerte mitunter mehrere Tage, zumal
jedes Fährboot bei seiner Rückkehr weit flußabwärts von Vergen
landete und von Pferden gegen die Strömung wieder zum Aus-
gangspunkt gezogen werden mußte.
Die Überfahrt bei Vergen war also riskant, lästig und zeitraubend. Als
1146 in der etwa 40 Kilometer entfernten Stadt Regensburg
eine Donaubrücke fertiggestellt wurde, verlor Vergen seine Bedeutung als Verkehrsknotenpunkt. Schon ein Jahr später nahm das
Kreuzfahrerheer unter dem deutschen König Konrad III. und dem
französischen König Ludwig VII. den Weg über die Brücke von
Regensburg. Wer die West-Ost-Route fortan bereiste, kam gar
nicht mehr auf die Idee, die Donau bei Vergen zu überqueren. Nur
einige Fährboote für den örtlichen Pendelverkehr lagen dort noch
am Ufer.
Es steht außer Zweifel, daß der Nibelungendichter die Donaubrücke
von Regensburg kannte. Und so müssen wir uns wundern, daß er
Kriemhild und ihrem Gefolge nicht den bequemen Weg über die
Brücke gönnte, sondern die strapaziöse Flußüberfahrt bei Vergen
zumutete.

Der Bischof von Passau

Kriemhild verabschiedete sich in Vergen von Gernot und Giselher, die heimwärts ritten, und ließ sich mit ihrer Reisegesellschaft zum südlichen Donauufer übersetzen. Von dort aus reiste sie bis nach Pledelingen an der Isarmündung, das heute Plattling heißt, aber mit dem im Nibelungenlied genannten Ort nicht völlig identisch ist. Das alte Pledelingen lag am rechten Isarufer, wo heute noch die Jakobskirche steht. Es wurde 1379 bei einer Überschwemmung zu großen Teilen zerstört und ist heute nur noch ein Stadtteil des neuerbauten Plattling, dessen Zentrum nach der Katastrophe am linken Isarufer auf einer von Hochwasser geschützten Anhöhe entstand. Als Bischof Pilgrim von Passau hörte, daß Kriemhild auf dem Weg in seine Stadt sei, ritt er ihr mit seinem Gefolge unverzüglich nach Pledelingen entgegen. Er war – laut Nibelungenlied – der Bruder von Königin Ute und mithin Onkel der burgundischen Königskinder. Daß der Passauer Bischof im Nibelungenlied eine Rolle spielt, macht stutzig. Denn er ist, wenn man so sagen darf, ein personelles Einschiebsel ohne Bedeutung für die weitere Dramatik und die Zusammenhänge, eher störend für den Ablauf der epischen Handlung. Er wird fortwährend als liebenswürdiger und großzügiger Gastgeber gepriesen. Die auffällige Wiederholung solch schmeichelhafter Beschreibung läßt vermuten, daß der Dichter dem zu seiner Zeit lebenden Passauer Bischof huldigen wollte, daß er mithin vom Passauer Kirchenfürsten abhängig war! Bischof von Passau war damals Wolfger von Erla (1191–1204), der spätere Patriarch von Aquileia, ein Kirchenfürst von politischem Geschick und hoher Bildung, ein Kenner und Verehrer der schönen Künste, ein spendabler Gastgeber der Dichter und Spielleute. An seinem Hof lebten Walther von der Vogelweide, Albrecht von Johannsdorf, Bligger von Steinach – und der unbekannte Nibelungendichter. Auf die Gründe, die solchen Schluß zulassen, komme ich noch zurück. Es ist sogar wahrscheinlich – auch davon später mehr –, daß Bischof Wolfger ihm den Auftrag gab, das Nibelungenlied zu schreiben.

Der Dichter hatte also Veranlassung zur Dankbarkeit. Und deshalb, so die allgemeine Lehrmeinung, setzte er Bischof Wolfger ein literarisches Denkmal: in der Gestalt des großzügigen und gastfreundlichen Bischofs Pilgrim.

Warum er den Namen Pilgrim als Pseudonym für Wolfger wählte, läßt sich aus zwei Gründen erklären: Zum einen war Wolfger als Teilnehmer des unbedeutenden Kreuzzuges von 1197/98 tatsächlich ein Pilgrim (Pilger) zum Heiligen Grab. Zum anderen residierte von 971 bis 991 in Passau ein Bischof namens Pilgrim – der berühmteste Bischof der lokalen Kirchengeschichte.

Zufälligerweise war zur Zeit des Nibelungendichters das Gedenken an Bischof Pilgrim stärker denn je. An seinem Grab nämlich sollen sich nach dem Brand des Bischofssitzes am 27. April 1181 allerlei Wunder ereignet haben, die weder historisch bezeugt noch kirchlich anerkannt sind, aber viele Jahre hindurch zahlreiche Wallfahrer anlockten.

Die Verehrung Bischof Pilgrims fand ihren Höhepunkt anläßlich seines 200. Todestages am 20. Mai 1191, den der Passauer Klerus und das Volk mit Gedenkfeiern begingen.

Nur wenige Tage danach – am 12. Juni – wurde Wolfger von Erla als 31. Bischof von Passau insigniert. »Da ist doch wohl anzunehmen, daß ... Wolfger..., als er damals sein neues Amt antrat, dieses großen Vorgängers in pietätvollen Worten gedachte, daß er ihn, mit dem er ja wirklich als weltkluger Staatsmann verglichen werden kann, als sein Vorbild, dem er nacheifern wollte, hinstellte.« (Kralik, *Passau im Nibelungenlied*)

So besehen lassen sich die Gedankengänge des Nibelungendichters nachvollziehen: Er identifizierte den Passauer Bischof seines Liedes mit dem zeitgenössischen Bischof Wolfger und gab ihm den Namen des berühmten Vorgängers: Pilgrim.

Kriemhilds Herberge: Heute ein Mädcheninternat

Bischof Pilgrim begrüßte seine Nichte Kriemhild in Pledelingen und führte sie nach Passau, in eine Stadt, von der es im Nibelungenlied heißt, daß »dort ein Kloster steht und der Innfluß schäumend in die Donau niedergeht«.

Passau war ursprünglich eine keltische Siedlung, danach römischer Stützpunkt, im 7. Jahrhundert Herzoghof der Agilolfinger, später karolingischer Königshof, seit 739 Bischofssitz mit wachsender territorialer Ausdehnung bis zur March und zur Leitha. Die Bischöfe von Passau betrieben erfolgreich die Missionierung im Südosten, vor allem in Ungarn. Zur Stauferzeit war Passau ein bedeutendes Zentrum von Kultur, Wirtschaft und politischer Macht, ein wichtiger Verkehrsknotenpunkt an der West-Ost-Route und Durchzugsstation der Kreuzfahrer. In Passau blieb Kriemhild eine Nacht.

Es fällt auf, daß im Nibelungenlied zwar die Städte und Dörfer genannt werden, durch die Kriemhild zog, nicht aber die Burgen und Klöster, in denen sie übernachtete. Nach Auffassung vieler Forscher setzte der Nibelungendichter die Kenntnis dieser Gebäude bei seinem adligen Publikum als so selbstverständlich voraus, daß es damals einer Erwähnung nicht bedurfte. Wir freilich müssen uns heute Gedanken darüber machen und diese Übernachtungsstätten zu finden versuchen.

Während ihres Aufenthaltes in Passau wohnte Kriemhild, den Gepflogenheiten durchreisender Fürstinnen entsprechend, sicherlich im Nonnenkloster Niedernburg (dem jetzigen Internat der Englischen Fräulein).

Niedernburg, eine Gründung der Agilolfinger aus dem 7. Jahrhundert, war Hauskloster von Herzog Tassilo III. und nach dessen Sturz kaiserliche Reichsabtei. Friedrich Barbarossa, der »Kaiser mit dem roten Bart«, schenkte die Abtei im Jahre 1161 den Bischöfen von Passau. In den Jahren 1285, 1662 und 1680 brannte das Kloster nieder, und wir können nur noch Relikte aus der Zeit von Kriemhilds

Besuch sehen: einen romanischen Bogen über dem Tor vom
Anfang des 12. Jahrhunderts, steinerne Estraden, Fresken im Vor-
raum der Marienkirche und das Grab der seligen Gisela im Kirchenschiff.

Raubrittergeschichten

Kriemhild ritt am anderen Tag mit ihrem Gefolge von Passau aus
über die 1143 erbaute Innbrücke, von der heute nur noch Abbruchreste an den Ufern zu sehen sind. Sie wurde von Bischof Pilgrim
begleitet, der ihr ein Stück Weges das Ehrengeleit geben wollte.
Der weitere Reiseweg führte durch das von langgestreckten Berg-
rücken flankierte Donautal, durch ein Gebiet, von dem es schon bei
Rüdigers Reise nach Worms geheißen hatte, daß Räuber es bedroh-
ten. Auch diesmal vergißt der Nibelungendichter nicht, auf solche
Gefahren hinzuweisen. Doch ein Überfall unterblieb. »Das wurde
wohl verhütet vom edlen Markgraf Rüdiger.«
Tatsächlich war dieser gleichsam zur Schleuse verengte Teil des
Donautales eine berüchtigte Räuberfalle der West-Ost-Route. Der
Nibelungendichter kannte diese Strecke gewiß und mag bei seinen
Reisen wiederholt voll Sorge hinaufgeblickt haben zu den Raubritterburgen Vichtenstein, Rannariedl und Haichenbach, die heute
noch der Autofahrer links und rechts auf den Bergen sieht. (Die
dekorativ auf einem Fels gelegene Burg Krämpelstein, etwa 15 Kilometer östlich von Passau am rechten Donauufer, existierte um 1200
noch nicht.)
Burg Vichtenstein liegt gleich nach der Autofähre von Obernzell
rechts und ist über eine kurvenreiche Asphaltstraße bequem zu
erreichen. Umbauten aus dem 16. Jahrhundert haben den ursprünglichen Charakter der Burg verändert, doch aus der Zeit des
Nibelungendichters sind noch ein mächtiger Bergfried und das
Gewölbe eines darunterliegenden Verlieses erhalten.
Die Burg wurde wahrscheinlich im 11. Jahrhundert von den Grafen

von Formbach errichtet. Im Jahre 1140 heiratete Gräfin Hedwig, einzige Erbin des Burgherrn, den Hallgrafen Engelbert von Wasserburg, einen bedenkenlosen Haudegen, der Vichtenstein zum verrufenen Räubernest machte und als Strauchritter bald weithin gefürchtet war. Seine Söhne und Enkel standen ihm in nichts nach, und erst im Jahre 1227 gelang es dem Bischof von Passau, Vichtenstein in seinen Besitz zu bekommen und der Raubritterei ein Ende zu bereiten.

Einige Kilometer weiter östlich erhebt sich auf einem Bergrücken am linken Donauufer die Ruine Rannariedl, einst eine Burg der Herren von Falkenstein, die mit Schiffen über den Strom kamen, Reisende überfielen und mit der Beute flugs wieder zurückkehrten. Um 1357 verkauften die Falkensteiner ihre Burg an den Passauer Bischof, der sie ein Jahr später an die mächtigen und einflußreichen Herren von Schaunberg bei Eferding weiterveräußerte.

Nach Piratenart machten auch die Burgherren von Haichenbach ihre Beute. Die Ruine – heute nur unter dem Namen »Kerschbaumschlößl« bekannt – liegt wenige Kilometer ostwärts von Burg Rannariedl auf einem Berg bei der Donauschleife von Schlögen.

Das Gründungsjahr der Burg ist ungewiß. Erstmals werden Herren von Burg Haichenbach – die Brüder Otto und Wernher – in Passauer Gerichtsurkunden aus dem Jahre 1173 erwähnt. Der Bischof von Passau gewann ab 1220 zunehmend Einfluß auf die Haichenbacher Ritter und belehnte »geläuterte« Mitglieder dieses Geschlechts sogar mit Hofämtern. Nach dem Tod des letzten Haichenbachers im Jahre 1337 fiel die Burg dem Passauer Bischof zu, der sie 1359 – zusammen mit Rannariedl – an die Herren von Schaunberg verkaufte.

Die neuen Eigentümer saßen auf ihrer prächtigen Burg bei Eferding, etwa 15 Kilometer östlich des von Raubrittern gefährdeten Donautales, durch das Kriemhild und ihr Gefolge unangefochten gezogen kamen.

Die Märchenburg von Eferding

Nun war gen Eferding   die Königin gekommen.
Man hat im Land der Bayern   von Räubern wohl vernommen,
die auf den Straßen raubten,   wie es ihr Gebrauch.
Sie hätten die Gäste   schädigen können auch.

Diese Strophe steht im mittelhochdeutschen Originaltext an der
Wand des Schulhauses Nord von Eferding. Einige Stufen weiter
zeigt ein Wandgemälde die Königin hoch zu Roß.
Bei ihrer Ankunft in Eferding hatte Kriemhild, von Passau kommend, einen Tagesritt von 60 Kilometern hinter sich, eine Parforce-
tour für Pferd und Reiterin. Irgendwo mußte sie übernachten. Wo
genau, das steht nicht im Nibelungenlied, sollte sich aber klären lassen.
Eferding gehörte zu Passau und war Sitz bischöflicher Verwalter, die
seit 1167 in einer Burg wohnten, von der nur noch die Grundmauern unter dem heutigen Starhemberger Schloß — einem Bau des
17. Jahrhunderts — erhalten sind. Diese gleichsam versunkene Ver-
walterburg käme als Ort des offiziellen Empfangs und als Stätte der
Übernachtung in Betracht.
Es muß aber auch die schon erwähnte Burg Schaunberg in Erwägung'gezogen werden, ein Prachtbau aus der Mitte des 12. Jahrhunderts, der bedeutendste Herrensitz weit und breit.
Die Herren von Schaunberg werden erstmals in einer Urkunde aus
dem Jahre 1160 genannt. »Im Laufe dieses Jahrhunderts erlangte
dieses Geschlecht durch viele Erwerbungen und Lehen eine große
Machtstellung im Lande ob der Enns«, und: »Die Hofhaltung der
Schaunberger war eine fürstliche..., die Schaunberger errichteten
eigene Hofämter wie ein Truchsessen- und Marschallamt.« (Götting/
Grull, *Burgen in Oberösterreich*) Sie gehörten zu den »vornehm-
sten Ratgebern des Landesfürsten« *(Lexikon der deutschen
Geschichte)*. Es wäre ein Verstoß gegen politische Räson und

höfische Etikette gewesen, hätten die Herren von Schaunberg eine durchreisende Königin mit adligen Begleitern nicht auf ihre Burg geladen. Burg Schaunberg war also aller Wahrscheinlichkeit nach das Eferdinger Etappenziel auf Kriemhilds Reise und mithin das Bühnenbild, das wir suchen.

Heute ist Schaunberg freilich nur noch eine Ruine. Sie erhebt sich über einem zur Donau hin abfallenden, mit Wald und Wiesen bewachsenen Granitplateau. Der Bergfried auf dem höchsten Punkt der Burganlage ist ein sogenannter Keilturm, 32 Meter hoch, nach oben verjüngt, außen fünfeckig, innen rechteckig, mit einer Grundfläche von 11,20 mal 9,50 Meter und einem quadratischen Plateau von 6,80 Meter Seitenlänge. Das verarbeitete Material – 2200 Kubikmeter Quadersteine, so Experten – muß ein Gewicht von viereinhalb Millionen Kilo haben.

Am 6. Juni 1825 barst der Turm senkrecht entzwei, wie von einem Axthieb gespalten; eine Hälfte blieb stehen, die andere verwüstete mit niederstürzendem Gestein einen Teil der Burggebäude. In der nun offen klaffenden Innenseite des stehengebliebenen Turmteils wurde ein Treppengerüst bis zur Spitze emporgebaut, von der aus das 15 000 Quadratmeter große Festungsareal wie eine Spielzeugburg zu überblicken ist.

Die Umwallungen, der Wassergraben, die Wachtürme, Tore und Torwarthäuschen, der Palas, die Wohngebäude, Stallungen und Zisternen sind sinnreich eingefügt in Gräben, Höhen und Hänge des Granitplateaus. Die Burg wirkt dadurch wie ein Stück Natur, unwirklich fast, märchenhaft, wie auf wunderbare Weise hineingezaubert in die Landschaft. Die Illusion des Sagenhaften, Geheimnisvollen wird noch mehr beschworen, wenn man auf die Suche nach Details geht, wenn man zwischen Mauerwerk und Efeuranken unterirdische Gewölbe entdeckt, Verliese aus den Gründerjahren der Burg, Kellertreppen und Gänge, die ins Dunkle führen.

Freilich, hier und dort sind auch gotische Stilelemente zu erkennen. Sie zeugen davon, daß manches aus der Gründerzeit ergänzt oder neu gebaut wurde; und die Burgmauern mußten schleunigst verstärkt werden, nachdem das Schießpulver erfunden worden war. Doch trotz solcher Anachronismen läßt sich heute noch leicht vorstellen, wie der Nibelungendichter bei den Herren von Schaunberg zu Gast war – und wie ihm die Idee zuflog, Kriemhild hier rasten zu lassen auf ihrer Reise zum ungeliebten König Etzel.

Helches Burg beim Todesstrudel

Von Eferding aus reiste Kriemhild mit ihrem Gefolge etwa 50 Kilometer weiter östlich an die Enns.

> Über die Traun kamen sie   zur Enns auf das Feld,
> da sah man aufgeschlagen   klein und groß Gezelt,
> daß gute Ruhe fänden   die Gäste bei der Nacht.
> Von Rüdigers Freunden   ward mit Sorgfalt das gemacht.

Die Enns war der westliche Grenzfluß von Rüdigers Markgrafschaft. Die Zelte auf dem Feld hatten die aus Bechelaren angereisten Freunde und Gefolgsleute des Markgrafen für die Gäste aufgestellt. Rüdigers Gemahlin Gotelind war ebenfalls gekommen und ritt Kriemhild »mit klirrendem Zaumzeug« entgegen.
Nach der Begrüßung und den bei solchen Empfängen üblichen Ritterspielen legten die Gäste sich zur Ruhe. Am nächsten Tag brachen sie in Richtung Bechelaren auf.
Der Nibelungendichter überspringt die weite Reisestrecke nach Bechelaren – 70 Kilometer etwa – ohne Zwischenstation.
Doch wir sollten auf halber Strecke kurz verweilen. Beim Greiner Strudel nämlich stand (und steht heute noch) am nördlichen Donauufer die Burg Helches: ein interessanter Blickfang für Reisende auf der West-Ost-Route – und vor allem für Kriemhild, die auf der Fahrt zu König Etzel war, dem Witwer Helches.
Der Greiner Strudel war die gefährlichste Stelle des gesamten

Donaulaufes, gefürchtet und verrufen, ein Hexenkessel voller Wirbel und Stromschnellen, Schauplatz vieler Schiffsunglücke. Erst »Kaiser Franz Joseph befreite die Schiffahrt von allen Gefahren der Donauwirbel durch Sprengung der Hausstein Felsinsel 1835–1866«. So die Inschrift eines Denkmals.

Dort, beim Greiner Strudel, erheben sich nördlich auf einem Bergrücken zwei Burgen. Die eine, Burg Werfenstein, ein dunkles Gemäuer, dominiert auf einem Felskegel. Die andere Burg, eine Turmruine in Sarmingestein, ist schon in einer Urkunde aus dem Jahre 1147 als »ruptum castrum domine Helchin« ausgewiesen – als zerbrochene Burg der Frau Helche. In den Jahrhunderten danach wird sie immer wieder als Helches Burg beschrieben. Auch heute heißt sie noch Helches Schloß.

Ob die Burgherrin Helche – die Frau Etzels – eine historisch verbürgte Persönlichkeit war oder eine Sagengestalt, ist nicht nachprüfbar und auch unerheblich. Bedeutend ist allein, daß Helches Burg nach mittelalterlicher Volksmeinung am Greiner Strudel lag und daß der Nibelungendichter davon wissen mußte.

Erstaunlich genug, daß er sie bei der Schilderung von Kriemhilds Reise nicht erwähnt. Und noch erstaunlicher ist, daß er Helches Burg an anderer Stelle, wo es sie nie gab, ins Spiel bringen wird. Ich komme noch darauf zurück.

Halten wir vorerst fest: Der Nibelungendichter würdigt die allgemein bekannte Burg Helches am Greiner Strudel keines Blickes und hetzt Kriemhild statt dessen auf einer für Roß und Reiter kaum zu bewältigenden Parforcestrecke von 70 Kilometern bis nach Bechelaren.

Wo die Donau unter ihnen floß

Die Fenster an den Mauern   sah man offen stehn,
die Burg von Bechelaren   war unverschlossen zu sehn.
Da ritten ein die Gäste,   die man gerne sah,
und gut Gemach schuf ihnen   der edle Rüdiger allda.

Rüdigers Tochter Dietlind* und ihr Gesinde eilten Kriemhild und
Gotelind entgegen:

> Sie faßten ihre Hände   und gingen sodann
> in einen großen Palas,   der sah sich prächtig an.
> Wo die Donau   unter ihnen floß,
> saßen sie an Fenstern,   und ihre Unterhaltung war groß.

Von Rüdigers Markgrafenburg ist heute nichts mehr zu finden,
obwohl Bechelaren – das heutige Pöchlarn – im Nibelungenlied
mehrmals erwähnt wird – immer liebevoll, immer als Stätte der
Gastfreundschaft.
Zwar steht das 1556 erbaute und im 19. Jahrhundert erweiterte
Schloß von Pöchlarn auf den Grundmauern einer rätselhaften
Festung, die im Jahre 832 als »Herilungoburg« urkundlich erwähnt
wird, zwar lassen die Grundmauern unter der heutigen Pfarrkirche
den Standort einer uralten Ritterburg vermuten, zwar könnten die
Reste eines alten Römerkastells mit dem Markgrafensitz Rüdigers
identisch sein – doch keine der drei Möglichkeiten entspricht der
Darstellung im Nibelungenlied: »Wo die Donau unter ihnen floß,
saßen sie an Fenstern...« Die Donau ist zu weit entfernt von Schloß,
Pfarrkirche und Römerkastell.
»Daß unserem im Donautal sonst so genau unterrichteten Dichter
hier die Anschauung gefehlt haben sollte..., scheint wenig glaub-
lich.« (Panzer, *Die Wege der Nibelungen*) Und: »Ohne Grund wird
ja freilich Bechelaren die große Auszeichnung im Nibelungenlied
auch nicht widerfahren sein. Außer in geschichtlichen Vorausset-
zungen kann sie auch in persönlichen Beziehungen des Dichters
begründet liegen.« (Heuwieser, *Passau und das Nibelungenlied*)
Wenn aber der Dichter persönliche Gründe hatte, Bechelaren so

---

* Dietlind wird namentlich nur in der Klage genannt. Im Nibelungenlied ist aus-
schließlich von Rüdigers Tochter die Rede.

ruhmvoll zu erwähnen, dann müßte er die dortige Burg genau gekannt haben.
Vielleicht ist eine Erklärung in der Erzählung von Kriemhilds Ankunft zu finden: »Die Fenster an den Mauern sah man offen stehn, die Burg von Bechelaren war unverschlossen zu sehn. Da ritten ein die Gäste ...«
Meinte der Nibelungendichter mit diesen Mauern nichts anderes als alte Befestigungsbauwerke, die Bechelaren auf allen vier Seiten – auch zum Donauufer hin – umgaben? Bezeichnete er als »Burg von Bechelaren« den befestigten Ort schlechthin und nicht ein bestimmtes Bauwerk? Die Formulierung »Dar ritten ein die Gäste ...« ließe, wenn alle Ankömmlinge gemeint sein sollten, eher auf einen befestigten Ort als auf eine Burg schließen.
Der Nibelungenlied-Forscher Robert Sommer zweifelt nicht an solcher Theorie: »Wer ... die Abbildung aus Merians Topographie kennt, ist von der Richtigkeit dieser Schilderung im Nibelungenlied betroffen. Die Stadt bildet ein ... Viereck, dessen Vorderseite nach der Donau sieht. Die Fenster an den Mauern gehören zu den Wohnungen, die auf der alten Stadtmauer errichtet sind.« (Sommer, *Die Nibelungenwege*)
Die alte Stadtmauer indes, die Sommer meint, wurde erst im 14. Jahrhundert errichtet. Sie könnte aber an derselben Stelle und im gleichen Stil wie die längst verfallene Befestigungsmauer des alten Bechelaren erbaut worden sein. Wollte der Nibelungendichter den gesamten befestigten Ort Bechelaren als Rüdigers gastfreundliche Markgrafenburg verstanden wissen, dann wäre das Rätsel seiner Beschreibung gelöst.

Astolts sonderbarer Ratschlag

Reich beschenkt zogen Kriemhild und ihr Gefolge von Bechelaren fort, weiterhin geführt von Markgraf Rüdiger. Schon nach acht Kilometern machten sie Rast in Medelicke, dem heutigen Melk.

Leopold I. hatte dort im Jahre 976 auf einem etwa 50 Meter hohen Felsplateau eine Burg errichten lassen: die erste Babenberger Residenz, das politische Machtzentrum eines kleinen, damals zwischen Ybbs und Traisen gelegenen Gebiets, das 996 urkundlich als »Ostarrichi« bezeichnet wird und namengebend für Österreich wurde. Zur Zeit des Nibelungendichters saßen die Babenberger in Wien, und anstelle ihrer Burg erhob sich ein Kloster auf dem Felsplateau. Heute steht auf den Grundmauern des alten Klosters die Benediktinerabtei Melk, ein Meisterwerk barocker Baukunst, bekannt in ganz Europa.

Wie das alte Kloster um 1200 ausgesehen hat, als Kriemhild mit ihrem Gefolge eintraf, wissen wir nicht. Im Nibelungenlied steht aber, daß dort ein »Wirt« namens Astolt wohnte, den wir uns nach damaligem Sprachgebrauch als Wirt im Sinne eines hochgestellten Hausherrn oder Gastgebers vorzustellen haben. Er ließ den Gästen einige Goldgefäße mit Wein auf die Straße bringen.

Astolt ist weder als historische Persönlichkeit noch als Sagengestalt nachgewiesen, und deshalb ist anzunehmen, daß er eine reale Ortsgröße war, eine lokale Berühmtheit vielleicht, in deren Beschreibung »sich wohl eine eigene Bekanntschaft des Dichters spiegeln wird« (Heusler, *Nibelungensage und Nibelungenlied*). Von Bedeutung ist Astolt insofern, als er der Reisegesellschaft einen sonderbaren Ratschlag gibt:

> Ein Wirt war da gesessen,   Astolt genannt,
> der wies die Straße   durchs Österreicherland
> gegen Mautern   an der Donau nieder.
> Da ward viel Ehre geboten   der mächtigen Königin wieder.

Die Strophe läßt uns stutzen. Mautern – ehemals Mûtâren – liegt nördlich von Melk. Kriemhild aber mußte weiter nach Osten. Und zur Zeit des Nibelungendichters führte von Melk aus die West-Ost-Route auf alten Römerstraßen direkt nach Wien. Diese Abkürzung, dem Verlauf der heutigen Autobahn in etwa entsprechend, hätte

jede Reisegesellschaft damals gewählt. Kriemhild indes wurde von
Astolt – oder besser: vom Nibelungendichter – auf eine abseits gelegene Fährte geführt, durch das Wachauer Tal entlang der Donau
nach Norden.
Warum? Diese Frage wird uns später in anderem Zusammenhang
noch beschäftigen.

Die List des Spielmanns

Wer heute Kriemhilds Weg mit dem Auto folgt, sieht beim Donau-
knie links auf einem Berghang die sagenumwobene Burg Dürnstein emporragen, den mächtigsten und imposantesten Festungsbau weit und breit, eine Stätte von historischer Bedeutung. In jedem
Reiseführer ist sie beschrieben. Im Nibelungenlied aber findet sich
kein Wort darüber, nicht einmal ein beiläufiger Hinweis.
Wir kommen nicht umhin, die Frage zu stellen, warum der Nibelungendichter – wenn er schon die Reisegesellschaft durchs Wachauer
Tal führt – sich diese ins Auge springende Attraktion entgehen läßt.
Die Frage drängt sich um so mehr auf, als er, wie wir noch sehen
werden, die weiter westlich gelegenen verrufenen Raubritterburgen
zu erwähnen nicht müde wird, hier aber eine Burg ignoriert, die zu
seiner Zeit weltberühmt war als Schauplatz einer politisch hochbri-
santen Abenteuergeschichte. Jeder kannte sie damals: Der Babenberger Herzog Leopold V. war während des Barbarossa-Kreuzzuges
(1189–1192) vor Akkon vom englischen König Richard I. Löwenherz beleidigt worden. Löwenherz reiste, um der Rache in Österreich
zu entgehen, auf dem Seeweg zurück, erlitt jedoch Schiffbruch an
der Adriaküste unweit von Aquileia und mußte nun – auf Schleich-
wegen und verkleidet – die Flucht durch das Hoheitsgebiet des
Beleidigten wagen. In Erdberg bei Wien wurde er am 21. Dezember
1192 erkannt und im Auftrag von Leopold V. an einem vorerst
geheimen Ort gefangengehalten.
Ein Gefolgsmann von Löwenherz namens Blondel, so erzählt man

sich, versuchte mit List das geheime Verlies ausfindig zu machen. Er zog, als Spielmann verkleidet, von Burg zu Burg und sang überall ein dem König wohlvertrautes Lied in französischer Sprache, allerdings immer ohne Refrain. Endlich kam er nach Dürnstein. Und dort hörte Blondel, nachdem er sein Lied beendet hatte, wie aus dem Kellergewölbe heraus dumpf der Refrain erklang – gesungen von Richard Löwenherz, der damit sein Versteck verriet.

Die Erzählung von Blondels List mag eine Sage sein. Tatsache ist, daß Dürnstein schmähliche Berühmtheit erlangte als Gefängnisstätte des englischen Königs, der widerrechtlich verhaftet worden war, noch dazu auf einem Kreuzzug. Richard Löwenherz wurde am 28. März 1193 an Kaiser Heinrich VI. ausgeliefert und Anfang 1194 gegen ein Lösegeld von 100 000 Mark Silber nach Kölner Gewicht (25 000 Kilo Silber) freigelassen.

Für die Babenberger war der Coup lukrativ – aber auch peinlich. Denn über Leopold V. wurde der Kirchenbann verhängt und erst gnadenhalber gelöst, als er am 31. Dezember 1194 nach einem Reitunfall auf dem Totenbett lag. Sein zweiter Sohn und späterer Nachfolger Leopold VI., der Glorreiche (1198–1230), war ein Mann von höfischer Lebensart, ein Feind von Gewalt, ein Freund der schönen Künste, ein Gönner der Dichter, außerdem eitel und auf seinen guten Ruf bedacht.

Verständlich wäre es, wenn der Glorreiche nicht erinnert werden wollte an Burg Dürnstein – die der Nibelungendichter denn auch unerwähnt links liegen ließ.

Die verschwundene Nibelungenburg

Gleich nach Dürnstein – und 32 Kilometer nach Melk – lag dann Mautern, dessen Ortsbild zur Zeit des Nibelungendichters von römischen Wehranlagen bestimmt war. Wer heute danach sucht und sich durchfragt, findet noch Römermauern, Römerstraßen und einen guterhaltenen Hufeisenturm.

In Mautern verabschiedete sich Bischof Pilgrim von Kriemhild, um nach Passau zurückzukehren. »Daß es ihr wohl ergehe, von Herzen wünscht er ihr.«
Forscher haben sich Gedanken darüber gemacht, warum der Dichter den Bischof just in Mautern umkehren läßt. Die dabei entwickelten Theorien stellten sich alle als widerlegbar heraus – bis auf eine, die freilich sehr überzeugend klingt: König Etzel nämlich war von vorauseilenden Boten über die geglückte Brautwerbung informiert worden und ritt Kriemhild entgegen. Das Zusammentreffen der beiden stand also kurz bevor. Pilgrim kehrte um, »weil er, der Bischof, doch nicht wohl persönlich seine Nichte einem Heiden in die Arme legen kann« (Panzer, *Das Nibelungenlied*).
Sollte diese naheliegende Überlegung stimmen, dann wäre das ein weiterer Beweis dafür, wie sehr der Nibelungendichter sich gezwungen fühlte, Rücksicht zu nehmen auf die Fürsten seiner Zeit und seiner Umgebung: Diesmal auf den Passauer Kirchenfürsten Wolfger, den er mit Bischof Pilgrim identifizierte und nicht kompromittieren durfte.
Pilgrim kehrte also in Mautern um, und Kriemhild reiste etwa 15 Kilometer weiter bis »zur Traisen«, an deren östlichem Ufer, unweit der Donau, Traismauer liegt.
In Traismauer blieb Kriemhild vier Tage. Wo aber hat sie dort gewohnt?
Meine Suche nach ihrem Aufenthaltsort geriet zu einem ungewöhnlichen Ereignis. Ich erlebte, wie eine versunkene Burg gleichsam aus dem Erdboden auftauchte. Und das kam so:
Zunächst schien es, als hätte ich die Übernachtungsstätte Kriemhilds schnell gefunden. Es gibt in Traismauer ein Schloß, einen ehemaligen Prachtbau, vermodert seit Jahrhunderten, unbewohnt und verwahrlost.
Das Balkentor quietschte in seinen schmiedeeisernen Angeln, als ich den quadratischen Innenhof betrat. Arkaden ringsum, Wendeltreppen, Wappenreliefs aus Sandstein, Fenster mit zersplitterten

Scheiben, Spinnengewebe in den Ecken. Es roch nach morschem Mauerwerk. In den Regenpfützen spiegelte sich die Architektur vergangener Glanzzeiten. Ein romantisches, gleichsam verwunschenes Gemäuer, ideal als Bühnenbild für eine Sage – allerdings viel zu modern für das Nibelungenlied!

Auf den ersten Blick nämlich war schon an den Stilelementen zu erkennen: Das Schloß stammte frühestens aus der Spätgotik, wahrscheinlich aus der Renaissance – in jedem Fall aber aus einer Epoche lange nach der Zeit des Nibelungendichters. Er konnte dieses Schloß nicht gesehen haben. Die Burg, die der Dichter als Kriemhilds Aufenthaltsort vor Augen hatte, muß ein romanischer oder spätantiker Festungsbau gewesen sein. Von einem solchen Bauwerk aber gab es keine Spur in Traismauer. Kriemhilds Burg war wie fortgezaubert, wie vom Erdboden verschluckt.

Ein Fall für die Archäologie?

Ich erkundigte mich beim Bürgermeister von Traismauer nach dem archäologischen Experten für dieses Gebiet. Er benannte mir Johann Offenberger, Universitätslektor in Wien und Amtsrat im Österreichischen Bundesdenkmalamt, einen Archäologen von internationalem Ruf, der schon wiederholt Ausgrabungen in Traismauer geleitet hatte.

Ich rief ihn gleich vom Bürgermeisteramt aus an und bat um ein ausführliches Gespräch.

So kam es, daß ich mich am nächsten Tag mit Offenberger im Schloßhof von Traismauer traf.

»Irgendwo in dieser Stadt«, sagte ich, »muß es laut Nibelungenlied eine Burg gegeben haben, einen repräsentativen Wehrbau, der allerdings spurlos verschwunden ist.«

Ich sehe Offenberger noch vor mir, wie er sich im Kreise drehte und auf den Lehmboden zeigte: »Hier drunter kann eine uralte Burg sein. Einen solchen Verdacht habe ich schon lange. Denn erfahrungsgemäß wurden Schlösser auf Resten von frühmittelalterlichen oder sogar spätantiken Wehrbauten errichtet. Dieser Standort bot sich

auch aus topographischen Gründen für eine Burg an. Denn in Traismauer gab es ein Römerkastell, eines der größten überhaupt, und
hier, wo wir jetzt stehen, war ein Eck des Kastellareals – eine strategisch exponierte Stelle. Es ist also sehr wahrscheinlich, daß sich
genau hier, unter dem Schloß, ein uralter Festungsbau finden läßt.
Aber sicher weiß ich es nicht. Und eine archäologische Ausgrabung
ist ein teurer Spaß.« Er blickte mich an.»Sind Sie denn sicher, daß
es die Burg aus dem Nibelungenlied wirklich gegeben hat?«
»Was heißt schon sicher! Ich habe zwischen Worms und Esztergom
alle Schauplätze des Nibelungenliedes gefunden – nur hier in Traismauer kann ich nichts entdecken. Keine Burg weit und breit aus der
Stauferzeit, die der Nibelungendichter vor Augen gehabt haben
könnte. Warum sollte ausgerechnet in Traismauer die Ortsbeschreibung des Nibelungenliedes nicht stimmen?«
»Sie meinen also, das Nibelungenlied hat den Wert eines historischen Dokuments?«
»Was die Ortsbeschreibung anlangt, ja! Unbedingt.«

Die wiederentdeckte Nibelungenburg

Am 26. Mai 1986 – ein halbes Jahr nach unserem Gespräch –
brachte mir der Postbote in München dieses Telegramm:
traismauer – laufende grabung – nibelungenburg aufgefunden –
gruss offenberger.
Wenige Tage später, es war strahlend schönes Wetter, traf ich in
Traismauer ein.
Der Schloßhof glich einer Baustelle. Archäologiestudenten und
Fachkräfte eines Spezialtrupps vom Bundesdenkmalamt legten
tief unten in einer Grube spätantike Mauerreste frei. Wie Briefmar-
kensammler arbeiteten sie, mit Lupen, Pinseln und Pinzetten. Nur
gelegentlich griff einer – vorsichtig und zaghaft – nach einer Hand-
schaufel, einem Hammer, einem Meißel oder einem Spaten. In
Zellophansäcken reichten sie das Erdreich nach oben, damit Ton-

scherben und andere Fundgegenstände ausgesiebt werden konnten.

Amtsrat Offenberger, diesmal nicht ins feine Tuch des hohen Staatsbeamten gehüllt, trug lehmverschmierte Hosen, derbes Schuhwerk, offenes Hemd und bequeme Jacke. Er zeigte in die Baugrube: »Hier ist wohl Kriemhild, laut Nibelungenlied, in die alte Burg eingezogen. Dort vorne sehen Sie die Pfeiler des Außentores, hier direkt unter uns die Pfeiler des Innentores mit dem Falz für das Fallgitter.«

Offenberger hatte ein sogenanntes Restkastell entdeckt, einen spätantiken Festungsbau, der nach allgemeiner Auffassung gar nicht erhalten sein konnte. Denn Restkastelle, in der Endphase römischer Herrschaft errichtet, waren die letzten Bollwerke innerhalb des Kastellareals, die letzten Zufluchtsstätten vor dem Germanensturm. Sie waren hart umkämpft und wurden danach dem Erdboden so gründlich gleichgemacht, daß bisher nur Andeutungen von Fundamenten gesichert werden konnten.

In Traismauer hatten die Römer offensichtlich keinen Widerstand geleistet, und deshalb tauchte jetzt hier ein Restkastell unversehrt aus dem Erdboden auf, in zahlreichen Details erhalten, zwei Stockwerke hoch – einzigartig in der Geschichte der Archäologie.

Das heute noch bestehende Schloß, so erwies sich nun, war über das Restkastell gewissermaßen darübergestülpt worden: Die Architekten hatten das Parterre zugeschüttet, planiert und zum Innenhof des Schlosses gemacht, die vier Kastellmauern als Außenwände in den Bau miteinbezogen und verputzt, an den Innenseiten die Arkadenbögen hochgezogen und ein Stockwerk zusätzlich daraufgesetzt.

Nach der Römerherrschaft und vor dem Bau des Schlosses diente das Restkastell zweifellos als Repräsentativbau für weltliche oder kirchliche Fürsten – und dem Nibelungendichter als Bühnenbild für Kriemhilds Aufenthaltsort.

Die rätselhafte Strophe

Ein weiteres Bühnenbild des Nibelungenliedes ist das dreitürmige Römertor in Traismauer, durch dessen Bogen einst Kriemhild geritten war und heute Autos fahren. Auf die westliche Wand des Tores ist ein Bild gemalt, das Kriemhild auf galoppierendem Pferd zeigt. Darunter sind zwei Strophen des Nibelungenliedes geschrieben. Traismauer gehörte zu den wichtigsten Befestigungsanlagen des römischen Donaulimes. Denn dort, im Mündungsgebiet der Traisen, ließ sich die Donau seit urdenklichen Zeiten besonders günstig überqueren, weitaus problemloser als an anderen Fährstellen wie zum Beispiel in Vergen. Der Fluß war in mehrere, ungewöhnlich breite Arme geteilt, dementsprechend flach und ohne starke Strömung. Bei niedrigem Wasserstand konnte die Donau auf ganzer Breite durchritten werden. Die Überfuhr mit Booten war ohne Risiken.

Dieser günstige Donauübergang lag an einem Reiseweg, der, von Norden kommend, durch den Gebirgseinschnitt des Kamptales führte und sich am südlichen Ufer weiter durchs Traisental fortsetzte. Das römische Kastell »war die Sperre eines alten Donauüberganges an strategisch günstiger Stelle« (Sommer, *Die Nibelungenwege*).

Als nach dem Rückzug der Römer die Sperre wegfiel, wuchs Traismauer die Bedeutung eines mittelalterlichen Verkehrsknotenpunktes zu. Auch eine Art Pendelverkehr entwickelte sich dort zwischen den dichtbesiedelten Ufergebieten nördlich und südlich der Donau, die auf beiden Seiten, hüben wie drüben, heute noch Wagram heißen.

Traismauer war also um 1200 einer der bekanntesten Orte zwischen Passau und Wien. Deshalb müssen wir uns über zwei Fehler wundern, die dem Nibelungendichter in einer einzigen Strophe zu unterlaufen scheinen.

Bei der Traisen hatte   der Fürst vom Hunnenland
eine reiche Veste,   im Lande wohlbekannt,
mit Namen Zeiselmauer.   Einst wohnte Helche da
und übte hohe Milde,   wie wohl nicht wieder geschah!

Der erste Fehler betrifft die Ortsbezeichnung: »Bei der Traisen hatte
der Fürst vom Hunnenland eine reiche Veste, im Lande wohlbekannt, mit Namen Zeiselmauer...«
In fast allen Handschriften ist der falsche Name Zeiselmauer
(Zeizenmûre) überliefert; nur in der Handschrift C heißt es richtig
Traismauer (Treisenmûre). Zeiselmauer liegt nicht an der Traisen,
sondern östlich vom Tullner Feld und von Tulln, also zwei Reisesta-
tionen entfernt, die Kriemhild noch vor sich hatte.
Fehlerhaft ist auch der Hinweis auf Helches Burg. Weder in Traismauer noch in Zeiselmauer gab es diese Burg. Helches Burg aber –
und das war »wohlbekannt im ganzen Land« – lag am Greiner Strudel! Dort allerdings erwähnte der Dichter sie nicht.
Eine rätselhafte Strophe. Ich komme noch darauf zurück.

Vielvölkertreffen auf dem Tullner Feld

Vier Tage blieb Kriemhild in Traismauer, dann stob im Osten dunkles Gewölk empor »wie von einer Feuersbrunst«. Eine Staubwolke
war es, aufgewirbelt von den vielen tausend Reitern, die mit König
Etzel an der Spitze aus dem Hunnenland Kriemhild entgegen-
kamen, um sie mit allen Ehren zu empfangen.
Kriemhild und ihr Gefolge brachen in Richtung Tulln auf, einer
Stadt, die etwa 23 Kilometer östlich von Traismauer liegt. Auf dem
Tullner Feld zwischen Traismauer und Tulln traf sie dann mit Etzel
zusammen. Wie diese Begegnung sich begab, wie Etzels Vielvölker-
scharen heransprengten, »wie Kriemhild empfangen ward« – das ist
wohl die gewaltigste Inszenierung höfischer Prachtentfaltung, die
der Nibelungendichter seinem Publikum bietet.

Von gar manchen Sprachen   sah man auf den Wegen
vor König Etzel reiten   viel der kühnen Degen,
von Christen und von Heiden   manches breite Heer.
Der Herrin entgegen   zogen sie alle fröhlich einher.

Von Russen und Griechen   ritt da mancher Mann,
die Polen und Walachen   zogen geschwind heran
auf vielen guten Rossen,   die sie herrlich ritten.
Da zeigte sich ein jeder   nach seinen heimischen Sitten.

Aus dem Land zu Kiew   ritt da mancher Mann
und die wilden Petschenegen*.   Mit Bogen man begann,
zu schießen nach den Vögeln,   die in den Lüften flogen.
Mit Kräften sie die Pfeile   auf gespanntem Bogen zogen.

Es ritt dem König Etzel   ein Gefolge voran,
fröhlich und prächtig,   höfisch und wohlgetan,
wohl vierundzwanzig Fürsten,   mächtig und hehr.
Ihre Königin zu schauen,   sie begehrten sonst nichts mehr.

Ramung, der Herzog   aus Walachenland,
mit siebenhundert Mannen   ward er zu ihr gesandt.
Wie fliegende Vögel   sah man sie alle fahren.
Da kam der Fürst Gibeche   mit viel' herrlichen Scharen.

Hornbog, der tapf're,   ritt mit tausend Mann
von des Königs Seite   zu Kriemhild heran.
Lärm und Schall ertönten   nach ihres Landes Sitten.
Von den Hunnenhelden   ward da auch herrlich geritten.

---

* Petschenegen: ausgestorbene Nomaden türkischer Herkunft; bekannt als
  gute Reiter und Bogenschützen

Da kam vom Dänenlande   der kühne Hawart,
und Iring, der tapf're,   vor allem Falsch bewahrt,
von Thüringen Irnfried,   ein stattlicher Mann.
Sie empfingen Kriemhild,   daß sie viel Ehre gewann,

mit zwölfhundert Mannen,   die zählten ihre Schar.
Da kam der Degen Blödelin   mit dreitausend gar,
König Etzels Bruder,   aus dem Hunnenland.
Der ritt in stolzem Zuge,   bis er die Königin fand.

Da kam der König Etzel   und auch Herr Dietrich*
mit seinen Helden alle.   Da sah man ritterlich
manchen edlen Ritter   tapfer und auch gut.
Davon ward Kriemhilden   gar wohl erhoben der Mut.

Da sprach zu der Königin   der edle Rüdiger:
»Frau, Euch will empfangen   hier der König hehr.
Wen ich Euch küssen heiße,   dem sei der Kuß gegönnt.
Wißt, daß Ihr Etzels Recken   nicht alle gleich empfangen
                                                    [könnt.«

Da hob man von dem Pferde   die Königin hehr.
Etzel, der mächtige,   nicht länger säumt er mehr.
Er schwang sich von dem Rosse   mit manchem
                                                    [kühnen Mann.
Voll Freude schritt er   zu Frau Kriemhilden heran.

Zwei mächtige Fürsten,   das ist uns wohlbekannt,
trugen von Kriemhild   die Schleppe in der Hand,
als der König Etzel   ihr entgegenging
und sie den edlen Fürsten   mit gütigem Kusse empfing.

* Dietrich von Bern

Sie schob hinauf den Kopfschmuck.   Ihr Antlitz wohlgetan
erglänzte aus dem Golde.   Da sagte mancher Mann
Frau Helche könnte schöner   nicht gewesen sein.
Da stand in ihrer Nähe   des Königs Bruder Blödelein.

Den riet ihr zu küssen   Rüdiger, der Markgraf reich,
und den König Gibeche,   Dietrich auch zugleich.
Zwölf der Recken küßte   Etzels Königin.
Da blickte sie mit Grüßen   zu manchem Ritter noch hin.

Derweilen König Etzel   bei Kriemhilden stand,
taten junge Ritter,   wie Sitte war im Land.
Waffenspiele wurden   schön vor ihr geritten,
das taten Christenhelden   und Heiden nach ihren Sitten.

Als sie da turnierten,   die Dietrich zugetan,
da flogen viele   der Lanzenschäfte sodann
hoch über ihre Schilde   aus edler Ritter Hand.
Vor den deutschen Gästen*   brach da mancher
                              [Schildesrand.

Von der Lanzen Brechen   vernahm man lauten Schall.
Da waren aus dem Lande   die Recken 'kommen all
und auch des Königs Gäste,   so mancher edle Mann.
Da ging der reiche König   mit der Königin hindan.

Sie fanden in der Nähe   ein herrliches Gezelt.
Erfüllt von andern Zelten   war rings das ganze Feld.
Da war nach ihrer Reise   Rast für sie bereit.
Da geleiteten die Helden   hinein manch schöne Maid.

---

* Die einzige Textstelle des Nibelungenliedes mit der zusammenfassenden
  Bezeichnung »tiuschen geste« (deutsche Gäste)

Das Tullner Feld war wiederholt Bühne ähnlicher Szenen, wenn auch das Zeremoniell im Stil der Zeit abgewandelt wurde. Bis ins 18. Jahrhundert hinein pflegten Könige und Herzöge dort ihre Bräute zu empfangen.

Hochzeitsnacht am Babenberger Hof

Am nächsten Tag reisten Kriemhild und Etzel etwa 25 Kilometer weiter nach Wien, um Hochzeit zu feiern. Das ist um so erstaunlicher, als Etzel – allen Gepflogenheiten entsprechend – am Ort seines Herrschersitzes hätte heiraten müssen, in Gran. Der Gedankensprung zu einer historischen Parallele drängt sich auf:
Ende Oktober 1203 – zur Zeit, als das Nibelungenlied entstand – heiratete Herzog Leopold VI., der Glorreiche, in Wien die byzantinische Prinzessin Theodora, die Tochter von Kaiser Isaak II. Angelos. Bischof Wolfger aus Passau traute das fürstliche Paar. Tausende von Gästen waren gekommen, unter anderem der Minnesänger Walther von der Vogelweide und wohl auch der Nibelungendichter.
Seine Schilderung der Hunnenhochzeit klingt wie ein Augenzeugenbericht der Babenberger Hochzeit, wie eine Huldigung an Herzog Leopold, dessen Eitelkeit und Großzügigkeit gerade damals, als er sich mit Theodora vermählte, legendäre Ausmaße angenommen hatten: »Wunder an Freigebigkeit« wurden in Wien geübt, heißt es im Nibelungenlied über Etzels Hochzeit, nie verschenkte ein Paar so viele kostbare und weite Mäntel, nie so viele Gewänder. Alle Gäste trugen nachher neue Kleider. Truhen mit Silber und Gold wurden geleert und alles verschenkt. Zwei Spielleute, Wärbel und Swemmel, erhielten je »1000 Mark und noch mehr«. Die Gefolgsleute des Brautpaares waren in so großen Scharen angereist, daß sie in Wien gar nicht alle einquartiert werden konnten und vor den Stadtmauern auf Feldern lagern mußten. 17 Tage dauerte das Fest des Hunnenfürsten – und 17 Tage lang hatte auch die Hochzeit des Babenberger Herzogs gedauert.

Daß der Nibelungendichter die pompöse Hochzeit von Etzel und Kriemhild in Wien und nicht auf der Etzelburg inszenierte, mochte Leopold den Glorreichen aus gutem Grund gönnerhaft gestimmt haben: Wien war im frühen Mittelalter ein unbedeutender Ort gewesen, urkundlich kaum erwähnt, ein Nichts im Vergleich zu Worms, Passau, Melk oder Pöchlarn. Erst in der zweiten Hälfte des 12. Jahrhunderts gewann die Stadt unter den Babenbergern allmählich an Bedeutung. Und unter Leopold dem Glorreichen nahm sie einen sprunghaften Aufschwung als kulturelles Zentrum, als Hafen-, Handels- und Gewerbestadt, als Metropole von wachsender politischer Geltung. Es liegt nahe, daß Leopold erpicht darauf war, Wien als Babenberger Residenz endlich allgemein bekannt und salonfähig zu machen, möglichst schnell und einprägsam, denn es galt Zeit aufzuholen gegenüber vergleichbaren Städten, deren gediegene Popularität sich seit Jahrhunderten entwickelt hatte. Dazu brauchte er – modern ausgedrückt – Public Relations. Und die bot ihm wie kein anderer der Nibelungendichter, dessen Lied gleich nach der Niederschrift überall gesungen wurde im deutschsprachigen Raum, vor allem vor der erwünschten Zielgruppe, dem adligen Publikum.

Wien als sagenhafte Hochzeitsstadt eines Hunnenkönigs und einer Königin vom Rhein mit einem Gefolge von rund 10 000 Christen und Heiden aus aller Herren Länder: Das war wohl nach dem Geschmack des Glorreichen, zumal die Darstellung als verschlüsselte Reportage seiner eigenen Hochzeit verstanden werden konnte. Fast ist man geneigt, an eine Auftragsproduktion zu denken, zumindest an einen Gefälligkeitsdienst des Dichters mit dem Ziel, fürstliche Dankbarkeit herauszufordern.

Sicherlich war der Nibelungendichter ein gern gesehener Gast am Babenberger Hof, den schon Walther von der Vogelweide einige Jahre zuvor als »wünneclicher hof zu wiene« besungen hatte. Der Babenberger Hof war ein Wehrbau, auf einer Seite eingefügt in die Wiener Stadtmauer, mit viereckigen Türmen an allen vier Ecken und einem Tor im Süden. Heute sind vom Babenberger Hof nur noch Mauerreste erhalten. Wo einst die Lieder der Spielleute erklangen, klingeln heute die Kassen einer Bank. Die Adresse »Am Hof« und eine Gedenktafel erinnern an die alte Residenz.

Die Inschrift lautet: »An dieser Stelle stand ein Hof der Babenberger Markgrafen und Herzöge, später für die herzogliche Münze verwendet. Das Haus wurde 1386 den Karmelitern übergeben und kam 1554 in den Besitz des Jesuitenordens und war, zum Kriegsgebäude ausgebaut, 1775–1913 Sitz der obersten Kriegs-Behörde, zuletzt des Kriegsministeriums.«

In der Phantasie des Nibelungendichters war die Babenberger Burg wohl Aufenthaltsort des königlichen Paares und Schauplatz der Hochzeitsnacht. Trotz allen äußeren Glanzes konnte Kriemhild nicht fröhlich werden, denn ...

> Wenn sie daran gedachte,   wie sie am Rheine saß
> bei ihrem edlen Manne,   die Augen wurden naß.
> Doch hehlte sie es immer,   daß es niemand sah,
> da ihr nach manchem Leide   jetzt so viel Ehre geschah.

Mit dem Schiff ins Hunnenland

Am 18. Tag reiste die Gesellschaft weiter von Wien auf einem 55 Kilometer langen Reitweg zur alten Grenzstadt Hainburg an der Donau. Hainburgs massive Befestigungsanlagen, Stadtmauern und Tore – größtenteils vor der Nibelungenzeit entstanden – sind heute noch gut erhalten. Auf dem 290 Meter hohen Schloßberg ist der Bergfried einer längst verfallenen Burg zu sehen, die Graf Heimo, der Truchseß des Kaisers Arnulf, um 898 hat erbauen lassen. Dort oben, im ehemaligen Prachtbau der Stadt, mögen Kriemhild und Etzel übernachtet haben.

Die nächste Reisestation nach einem Tagesritt von etwa 55 Kilometern war Misenburg – das spätere Wieselburg, heute Mosonmagyarovar –, eine reiche Handels- und Hafenstadt. Die Donau floß dort so breit und ruhig, daß sich eine Reise auf Schiffen und Flößen anbot.

In Misenburg, der reichen,   fing man zu segeln an.
Verdeckt war das Wasser   von Roß und auch von Mann,
als ob es Erde wäre,   was man da fließen sah.
Die wegemüden Frauen   mochten sich wohl ruhen da.

Zusammen war gebunden   manches Schifflein gut,
daß ihnen wenig schaden   Woge mochte und Flut.
Darüber ausgebreitet   war köstliches Gezelt,
als ob sie unter Füßen   noch hätten Land und Feld.

Die Strophen sind so zu verstehen: Schiffe und große Flöße wurden miteinander so eng vertäut, daß es aussah, als würden die Reisenden, ihre Pferde und die Zelte noch auf der Erde stehen. Diese Methode hieß »Schwabeln« und war typisch für die Schiffahrt östlich von Misenburg. Auch Kaiser Friedrich Barbarossa hatte während des 3. Kreuzzuges die Strecke von Misenburg nach Gran (Esztergom) per »Schwabeln« zurückgelegt.

Auf der etwa 140 Kilometer entfernten Etzelburg in Esztergom rüsteten inzwischen Männer und Frauen zum Empfang des Paares. Besonders die Ehrenjungfrauen, unter ihnen sieben Königstöchter, freuten sich auf Etzels neue Gemahlin. Die erste unter ihnen war Herrat, die tugendsame Verlobte Dietrichs von Bern, Tochter des Königs Nentwin und Nichte der verstorbenen Helche.

Als dann die Schiffe in Esztergom landeten und König Etzel mit Kriemhild vom Donaustrand zur Burg hinaufritt, eilten die Mädchen ihnen entgegen.

Die ehrenvolle Reise der Spielleute

Hochgeehrt und geliebt vom König und vom Volk lebte Kriemhild
auf der Hunnenburg. Als sie nach sieben Jahren einen Sohn zur Welt
brachte, verbreitete sich Jubel »all über Etzels Land«. Der König war
so entzückt darüber, daß er, ein Heide, der drängenden Bitte Kriemhilds entsprach und seinen Sohn nach christlichem Brauch auf den
Namen Ortlieb taufen ließ.
Niemand merkte Kriemhild an, wie sehr sie darunter litt, mit einem
ungeliebten Mann verheiratet zu sein; keiner sah ihre heimlichen
Tränen, keiner ahnte, daß sie die Rache kaum noch erwarten
konnte. Geduldig spielte sie die Rolle der liebevollen Gemahlin und
gütigen Landesmutter, 13 Jahre lang, bis sie ganz sicher war, daß
sie alle in der Hand hatte: den König und jeden seiner Gefolgsleute.
Dann erst schien ihr die Stunde gekommen.

> Als eines Nachts Frau Kriemhild   bei dem König lag –
> er hielt sie in den Armen,   wie immer, wenn er pflag
> die edle Frau zu kosen,   sie war ihm wie sein Leib –,
> da gedachte ihrer Feinde   das gar herrliche Weib.

> Sie sprach zu König Etzel: »Viellieber Herre mein,
> ich wollt' Euch gerne bitten,   ach, könnte es doch sein,
> daß Ihr mich wissen ließet,   ob ich verdienen sollt',
> daß Ihr meinen Verwandten   wäret inniglich hold.«

> Da sprach der mächt'ge König,   arglos war sein Mut:
> »Das könnt Ihr mir wohl glauben!   Was man den Helden tut
> zu Ehren und zugute   – ich hab' nur Freude dran,
> da ich von Weibesminne   nie bess're Verwandte gewann.«

»Ihr wißt«, fuhr Kriemhild fort, »daß ich Verwandte von königlichem
Geblüt habe. Doch keiner von ihnen wurde jemals hier gesehen.

Deshalb werde ich von den Leuten hierzulande schon als Heimatlose bezeichnet. Das schmerzt mich sehr.«

Da sprach der König Etzel: »Vielliebe Fraue mein,
wäre es nicht gar so ferne, so würde ich vom Rhein
Eure Verwandten laden hierher in mein Land.«
Sie freute sich der Rede, da seinen Willen sie erkannt.

Sie sprach: »Wollt Ihr mir Gunst erweisen, Herre mein,
so sollt Ihr Boten senden gen Worms über den Rhein,
damit sie dort auch wissen, wonach mir steht der Mut.
Dann kommt zu uns ins Lande gar mancher Ritter gut.«

Etzel ließ sich nun nicht mehr lange bitten. »Wenn Ihr es wünscht«,
sagte er, »dann soll es geschehen.« Und sogleich beauftragte er zwei
Spielleute, Wärbel und Swemmel, seine Einladung an den burgundischen Königshof zu überbringen.
Abermals staunen wir über eine Textstelle im Nibelungenlied. Spielleute nämlich waren, wie schon kurz angedeutet, Leute von zweifelhaftem Ruf: Sänger burlesker Lieder, Tänzer, Fiedelspieler und Possenreißer, gelegentlich auch Dichter, manchmal begabt, manchmal auch adliger Herkunft. Doch im allgemeinen gehörten sie zum anrüchigen Volk der Gaukler, Akrobaten, Quacksalber und Bärentreiber.
Zwar waren sie an den Fürstenhöfen wohlgelitten, aber an den Ehrentafeln sitzen wie die Minnesänger und Epiker durften sie nicht.
Und schon gar nicht kamen sie in Frage für eine Aufgabe, die nur den ruhmreichsten Gefolgsleuten von Herrschern vorbehalten war: eine Einladung zu überbringen von Königshof zu Königshof.
Doch der Nibelungendichter setzte sich über solche Protokollvorschriften hinweg und stellt die Spielleute als hohe Herren dar: Etzel stattete sie mit »Brief und Botschaft« aus, gab ihnen Gold und Geld, ließ für sie prächtige Kleider nähen und unterstellte ihnen sogar ein Ehrengeleit von 24 hervorragend ausgerüsteten Recken.

Bevor Wärbel und Swemmel abreisten, rief Kriemhild sie in ihre
Kemenate und schärfte ihnen ein, darauf zu dringen, daß Hagen von
Tronje nicht in Worms bliebe und unter allen Umständen mit an den
Hunnenhof kommen solle.

> Die Boten wußten nicht,   warum das möge sein,
> daß Hagen von Tronje   dort an dem Rhein
> nicht bleiben sollte.   Später wußten sie es dann:
> Mit Hagen zusammen   starb schrecklich manch tapferer
> [Mann.

Hagens Warnung und Rumolds Rat

Wärbel und Swemmel machten sich auf den Weg. Mit ihren kostbaren Kleidern und ihrem prächtig ausgestatteten Gefolge erregten sie
unterwegs solches Aufsehen, daß »die Kunde darüber von Land zu
Lande flog«. In Bechelaren und in Passau – nur diese Orte werden
erwähnt – wurde ihnen ehrenvolle Rast zuteil, Bischof Pilgrim
beschenkte sie »aus Zuneigung« mit rotem Gold, und auf den Straßen blieben sie unberaubt, denn die Räuber wußten sie im Schutz
ihres Herrn, des mächtigen König Etzel. Welchen Weg sie von der
Donau zum Rhein nahmen, kann der Nibelungendichter, wie er ausdrücklich sagt, »nicht bescheiden«.
Nach zwölf Tagen erreichten sie die Burgundenburg. »Niemals
zuvor hat man die Spielmänner eines Fürsten herrlicher heranreiten
sehen.« Diener eilten den Gesandten entgegen, boten ihnen Ruhe-
räume an und führten die Pferde in die Stallungen. Wärbel und
Swemmel verteilten Geschenke an die Dienstboten und übten
damit die sogenannte »milte«: Freigebigkeit, Wohltätigkeit, das Privileg der Höhergestellten.
Hagen von Tronje hatte sie inzwischen als Spielleute erkannt. Doch
von Empörung über solch einen Verstoß gegen die Etikette ist
nichts zu lesen im Nibelungenlied, ganz im Gegenteil: »Man emp-

fing die Boten, wie man sie rechtens in eines anderen Königs Land
empfangen soll.« Hagen von Tronje »sprang ihnen züchtiglich entgegen, um sie freundlich zu begrüßen«, und der König empfing sie
im Palast mit aller Höflichkeit: »Seid willkommen, Ihr hunnischen
Spielleute und Eure Herrgesellen.«
Die beiden verneigten sich, überbrachten die Grüße ihres Herrn und
sprachen in seinem Namen die Einladung aus. Zur nächsten Son-
nenwende sollten die Burgunden an den Hunnenhof kommen.
König Gunther wollte sieben Tage lang über die Einladung nach-
denken und den Boten dann Bescheid geben.

> Zur Herberge gingen   die Boten aus Etzels Land.
> Der reiche König hatte   nach Freunden inzwischen gesandt.
> Gunther, der Edle,   fragte Mann für Mann,
> was sie darüber dächten.   Zu reden da mancher begann,

> daß er wohl möge reiten   in König Etzels Land.
> Das rieten ihm die Besten,   die er darunter fand.
> Hagen nur alleine,   dem war es grimmig leid.
> Zum König sprach der Kühne: »Mit Euch selbst seid Ihr im
> [Streit,

> Ihr habt doch nicht vergessen,   was Kriemhild hier geschehn,
> wir sollten doch vor ihr   wohl stets in Sorge stehn,
> ich schlug ihr zu Tode   den Mann mit meiner Hand.
> Wie können wir es wagen,   zu reiten in ihr mächtiges Land?«

Gunther, Gernot und Giselher waren indes überzeugt, daß Kriemhild ihnen verziehen habe und daß allenfalls Hagen noch von Rache
bedroht sei. »Da Ihr Euch schuldig wißt, Hagen, könnt Ihr ja hier in
Sicherheit bleiben«, sagte Giselher. »Aber laßt doch diejenigen in
Ruhe fahren, die den Mut dazu haben.«

Darob zu zürnen   begann Hagen, der Held:
»Ich will nicht, daß ein andrer   sich Euch zur Fahrt gesellt,
der an den Hof zu reiten   sich mehr getraut als ich.
Wollt Ihr's nicht bleiben lassen,   so fahr' ich mit Euch
                                       [sicherlich.«

»Ich wüßte nicht, daß Hagen Euch jemals schlecht geraten hat«,
gab Rumold zu bedenken, Gefolgsmann und Küchenmeister am
Burgundenhof. »Nirgendwo anders seid Ihr sicherer als hier. Zu
Hause könnt Ihr Euch mit schönen Kleidern schmücken, den
besten Wein trinken, die besten Speisen verzehren und minnen
manch schönes Weib. Das ist doch besser, als auf kindische Weise
das Leben aufs Spiel zu setzen. Verbleibt hier, Ihr Herren – das ist
Rumolds Rat!«
Gernot ging erst gar nicht auf den Küchenmeister ein. »Warum sollten wir nicht fahren, da uns Kriemhild und Etzel so freundlich eingeladen haben? Wer nicht will, kann hierbleiben.« Seine Brüder
stimmten ihm zu. Mithin gab es für Hagen keine Diskussion mehr:
»Vergeßt meine Rede von vorhin«, sagte er, »laßt uns aber gewappnet zu den Hunnen reisen, damit wir überleben. Ruft Eure besten
Gefolgsleute zusammen. Ich suche 1000 Recken aus, die uns
begleiten sollen. Kriemhilds Rache wird uns dann nicht schaden.«
König Gunther war damit einverstanden. Er sandte Boten aus, und
kurz darauf ritten viele Gefolgsleute mit ihren Recken – 3000 insgesamt – aus allen Teilen seines Landes herbei.

Da kam der kühne Volker,   ein edler Spielmann,
mit dreißig seiner Degen   zu der Fahrt heran.
Ihr Gewand war herrlich,   ein König mocht es tragen.
Er wollte zu den Hunnen,   ließ Volker dem Könige sagen.

Wer dieser Volker war,   das sei euch kundgetan.
Er war ein edler Herre.   Ihm waren untertan

viel der guten Recken   im Burgundenland.
Weil er fiedeln konnte,   ward er der Spielmann genannt.

Das ist nun schon der dritte Spielmann, dem der Nibelungendichter
überraschend eine glanzvolle Rolle zuweist. Volker von Alzey – bisher kaum erwähnt – war Fahnenträger der Burgunden, ein »edler
Herre« und Anführer von »guten Recken«, mithin ein Ritter von
hohem Rang. Nur dichterische Phantasie konnte einen Spielmann
in solche Position protegieren.
Wie einflußreich der Spielmann Volker am Burgundenhof war,
zeigte sich, als Wärbel und Swemmel um eine Audienz bei Brünhild
baten. König Gunther gab die Erlaubnis, Volker indes hielt den
Besuch für unzweckmäßig und sagte nein. Dabei blieb es auch.
Nach sieben Tagen wurden Wärbel und Swemmel unruhig. Sie warteten vorerst noch vergeblich auf die Entscheidung der Könige. Aus
gutem Grund: Hagen wollte sie so spät wie möglich verabschieden,
um damit die Zeit für intrigante Vorbereitungen auf der Etzelburg zu
verkürzen. Erst als die Burgunden zum Aufbruch bereit waren, wurden Etzels Spielleute informiert und mit allen Ehrenbezeigungen auf
die Reise geschickt.
Unverzüglich ritten sie heimwärts. Wieder werden nur Passau und
Bechelaren als Etappenstationen erwähnt, und wieder wird darauf
hingewiesen, daß ihnen »niemand raubte Roß und Gewand«.

Die Spielleute spornten   die Rosse mächtig an.
Sie fanden König Etzel   in seiner Stadt zu Gran.
Grüße über Grüße,   die man ihm entbot,
brachten sie dem König.   Da wurde Etzel vor Freude rot.

Nach der Audienz bei König Etzel erschienen sie vor Kriemhild.
»Nun erzählt«, sagte sie, »wer kommt alles mit? Was hat Hagen
gesagt?«

»Er kam zur Beratung   an einem Morgen fruh.
Wenig gute Sprüche   redete er dazu,
als sie die Fahrt gelobten   nach dem Hunnenland.
Die hat der grimme Hagen   gar eine Todesreise genannt.«

Ob er mitkommen würde oder nicht, wußten sie nicht genau zu
sagen. Kriemhild unterdrückte ihre Unruhe. »Ich bin Hagen sehr
zugetan«, sagte sie leichthin, »mein Herz würde höher schlagen vor
Freude, wenn wir ihn hier sehen könnten.«

Die Weissagung vom Untergang

Inzwischen waren die Burgunden schon unterwegs. Voran ritten die
drei Könige Gunther, Gernot und Giselher mit Hagen von Tronje,
dessen Bruder Dankwart und dem Spielmann Volker von Alzey.
Dahinter kamen 1060 »in starken Stürmen erprobte« Recken, die
von Hagen ausgewählt worden waren. Den Schluß bildete ein riesi-
ges Heer von 9000 Knappen*.
Daß die Burgunden mit mehr als 10 000 Mann zur Etzelburg reisten,
muß nachdenklich stimmen. Denn ein solches Massenaufgebot
entsprach im Mittelalter nicht dem üblichen Begleitkommando
einer fürstlichen Reisegruppe, sondern dem Heerhaufen eines
Kreuzzuges. Bis zu 10 000 Mann stark waren die getrennt reisenden
Gruppen der insgesamt über 100 000 Teilnehmer einer Fahrt zum
Heiligen Grab. Zudem fällt auf, daß der im Nibelungenlied geschil-
derte Weg der Burgunden an der Donau entlang bis zur Etzelburg in
Gran genau dem Weg des Barbarossa-Kreuzzuges entsprach. Vor
1146 hatten die Kreuzritter die Donau in Schiffen bei Vergen über-
quert, danach auf der Brücke bei Regensburg.

---

* Das Originalwort »knehte« ist hier nicht mit »Knechten« zu übersetzen, wie es
vielfach geschieht, sondern mit Knappen. Kneht: »Ursprünglich ›Krieger‹,
dann im Gegensatz zum Ritter der Knappe.« (de Boor) »Adliger, der noch nicht
Ritter ist, sich aber im Dienst eines Ritters zum Ritter bilden läßt.« (Lübben)

Da ein Aufgebot von rund 10 000 Statisten für die Dramatik des Nibelungenliedes nichts bringt, sondern eher störend wirkt, könnte es sein, daß der Nibelungendichter von Kreuzfahrterlebnissen beeinflußt war oder daß er den Zug der Burgunden als einen Kreuzzug verstanden wissen wollte – als einen Kreuzzug in den Untergang.

Zu erwähnen ist noch, daß der Dichter die Burgunden fortan meist »Nibelungen« nennt. Sein Motiv für diesen Namenswechsel hat Generationen von Gelehrten allerlei Kopfzerbrechen bereitet, ohne daß eine gesicherte Erkenntnis gewonnen worden wäre. Am meisten wird die Ansicht vertreten, daß die Burgunden nach dem fluchbeladenen Nibelungenhort benannt wurden, den sie geraubt und in ihren Besitz gebracht hatten. Allerdings hätten sie dann schon früher als »Nibelungen« bezeichnet werden müssen. Denkbar wäre aber auch, daß der Name »Nibelungen« für die Burgunden von dem Augenblick an zutreffend wurde, als der verderbliche Fluch des Nibelungenschatzes sich zu erfüllen begann: beim Start der Reise, die zum Untergang der Nibelungen führt.

Die Nibelungen also, auch wir wollen sie fortan so nennen, waren am Rhein mit Posaunen und Flötenklang, mit Tränen und guten Wünschen verabschiedet worden und zogen ostwärts durchs Land. Wie bei der Reise Kriemhilds überspringt der Nibelungendichter auch jetzt wieder die Strecke vom Rhein bis zur Donau ohne nennenswerte Schilderung, und auch diesmal führt er den Heerhaufen nicht über die bequeme Brücke von Regensburg, sondern – erstaunlich genug – zur Überfahrt an die Donau.

In Vergen war Hochwasser. Die Fährmänner hatten sich verborgen, ihre Schiffe versteckt und vereitelten damit die Überfahrt der Nibelungen. Hagen machte sich auf den Weg, um Fährmänner zu finden – und entdeckte die Quelle der weissagenden Frauen.

Er suchte auf und ab   nach einem Schiffersmann.
Da hört er Wasser rauschen.   Zu lauschen hob er an.

In einem schönen Brunnen   badete manch weises Weib.
Ihrer zwei im Wasser   kühlten da ihren Leib.

Hagen ward ihrer inne,   da schlich er leis' heran.
Sie eilten schnell von hinnen,   als sie den Helden sahn.
Daß sie ihm entrannen,   des freuten sie sich sehr.
Da nahm er ihre Kleider.   Sonst tat er ihnen nichts mehr.

Da sprach das eine Wasserweib,   Hadeburg war sie genannt:
»Hagen, edler Ritter,   wir machen Euch bekannt,
wenn Ihr uns dagegen   die Kleider wiedergebt,
was Ihr auf dieser Reise   bei den Hunnen erlebt.«

Sie schwammen wie die Vögel   schwebend auf der Flut.
Da schienen ihre Künste   dem Helden stark und gut.
Er war bereit zu glauben,   was sie ihm wollten sagen.
Sie gaben ihm dann Antwort,   was er sie begann zu fragen.

Eine sprach: »Ruhig mögt Ihr reiten   in König Etzels Land.
Ich setz' Euch meine Treue   dafür zum Unterpfand:
Niemals fuhren Helden   noch in ein fremdes Reich
zu so hohen Ehren.   In Wahrheit, ich sag' es Euch.«

Der Rede war da Hagen   im Herzen froh und hehr.
Die Kleider gab er ihnen,   nicht säumen wollt' er mehr.
Doch als sie angezogen   ihr wunderbar Gewand,
vernahm er erst die Wahrheit   von der Fahrt in König
                                                    [Etzels Land.

Es sprach das andre Wasserweib,   mit Namen Siegelind:
»Ich will Dich warnen,   Hagen, Aldrianen* Kind.

* Aldrian: Hagens Vater

Meine Muhme hat Dich   der Kleider halb belogen,
Kommst Du erst zu den Hunnen,   so bist Du übel betrogen.

Wieder umzukehren,   wohl wär' es an der Zeit,
derweil Ihr kühnen Helden   nur geladen seid,
damit Ihr müßt ersterben   in der Hunnen Land.
Wer dahin reitet,   den hat der Tod an der Hand!«

Weihegaben für die Wasserfrauen

Diese Szene im Nibelungenlied zwingt zum Vergleich mit dem Barbarossa-Kreuzzug von 1189–1192. Weissagende Frauen nämlich hatten damals den Untergang des Kreuzfahrerheeres und den Tod Kaiser Friedrichs vorhergesagt. In fast allen Überlieferungen ist von solchen Prophezeiungen die Rede. Eine Seherin hat angeblich sogar Genaueres geweissagt: Der Kaiser werde bei der Reise im Wasser sterben.
»Deshalb soll er den Landweg nach dem Orient dem Seeweg vorgezogen haben, obwohl man berechnen konnte, daß das Kreuzheer über das Meer innerhalb kürzester Zeit, in drei oder vier Monaten, und mit unvergleichlich geringeren Beschwerden und Gefahren an das Ziel gelangt sein würde.« (Giesebrecht, *Geschichte der deutschen Kaiserzeit*)
Kaiser Friedrich I. Barbarossa ertrank am 10. Juni 1190 beim Baden im Fluß Saleph (Kleinasien), sein Sohn Friedrich von Schwaben starb an der Pest, das Kreuzfahrerheer wurde bis auf einen kleinen Rest aufgerieben. Die Prophezeiung vom Untergang hat sich, dem Volksglauben nach, bewahrheitet.
Daß der Nibelungendichter bei diesem Heerzug dabei war, ist durchaus wahrscheinlich. Denn die Teilnahme am Barbarossa-Kreuzzug galt als ritterliche Ehrenpflicht. »Keiner wurde für einen Mann gehalten, der sich ohne Kreuz blicken ließ«, heißt es in den Überlieferungen des Geschichtsschreibers Ansbert, der selbst das

Waffenhemd mit dem aufgestickten Kreuz trug. Auch viele Dichter gehörten zu den Kreuzfahrern, so zum Beispiel Hartmann von Aue, Albrecht von Johannsdorf, Heinrich von Rugge und Reinmar der Alte. Friedrich von Hausen, der am 6. Mai 1190 im Kampf gegen die Seldschuken fiel, wurde von vielen Kreuzrittern beweint und bei Philomelium in einem Obstgarten begraben.

Die Prophezeiung vom Untergang des Kreuzfahrerheeres – und vom Untergang der Nibelungen, wie sie der Dichter als dramaturgisches Element ins Spiel brachte – mag man heute als Aberglauben belächeln. Im Mittelalter war sie glaubhaft und beunruhigend.

Die mythologische Forschung hat ermittelt, daß es damals Orakelstätten gab, wo das dämonengläubische Volk weissagende oder schicksalsbestimmende Wesen wähnte: Wassermuhmen, Wasserfrauen, Wasserhexen, Nixen, Nymphen, Nornen, Parzen, Schwanenjungfrauen oder Meerweiber. Meist gediehen phantastische Vorstellungen dieser Art an Flüssen, Teichen, Seen, Mooren und vor allem an Quellen, die durch besonders idyllisches oder düsteres Ufermilieu zur Sagenbildung angeregt haben. An diesen Orten fanden Archäologen auf dem Grund und am Ufer sogenannte Weihegaben, Bitt- und Dankopfer, die zum Teil sogar aus der Bronzezeit stammen und mithin eine jahrtausendealte Verehrung von Wassergeistern bezeugen.

Der bekannteste Ort sagenhafter Wasserdämonen ist der Mummelsee in Baden. Weniger bekannt ist heutzutage, daß es auch bei Pförring ehemals weithin berühmte »Quellen der weissagenden Frauen« gegeben hat – genau dort, wo Hagen laut Nibelungenlied die weissagenden Frauen an einer Quelle traf.

Der Nibelungendichter hatte also eine ganz bestimmte Orakelstätte vor Augen, als er die Prophezeiung vom Untergang niederschrieb – eine Orakelstätte, die es heute noch gibt.

Die Orakelquelle: Der Polizeichef gab den Tip

Die Wiederentdeckung der seit dem Mittelalter vergessenen Kult-
stätte ist dem Historiker Leo Weber aus Düsseldorf zu danken. 1924
begann er den »schönen Brunnen« der weissagenden Frauen zu
suchen. Das Nibelungenlied diente ihm als Wegweiser. Wie ein
Detektiv trug er Indiz um Indiz zusammen.
Zunächst versuchte er, eine genaue topographische Vorstellung von
der Wasserstelle zu gewinnen. Im Originaltext ist von »einem schœ-
nen brunnen« die Rede. Das mittelhochdeutsche Wort »brunnen«
bedeutet sprudelnde Quelle in der Natur, nicht Brunnen im heutigen
Sinn. Die Wasserfrauen werden im Originaltext »merwîp« genannt.
»mer« ist nicht als Meer zu verstehen, sondern entsprechend seiner
alten Bedeutung als stehendes Binnengewässer oder Teich. Leo
Webers Schlußfolgerung: »der schöne brunnen müßte demnach
ein mit reicher wasserfülle sprudelnder quell sein, dessen ruhiger,
unbeweglicher spiegel den eindruck eines teiches macht.« So
berichtete er in Kleinschreibung den Lesern der *Zeitschrift für deutsches Altertum und deutsche Literatur* (Jahrgang 63, 1926).
Mit diesem Bild vor Augen beschritt er dann einen Weg, der zwar
vom Tugendpfad gelehrsamer Forschungsarbeit erheblich abwich,
aber schnell zum Ziel führte: Er ging zur Polizei. Der damalige Gen-
darmeriekommandant von Pförring benannte ihm spontan die
Quellen des Kelsbaches als einzigen der Beschreibung entspre-
chenden Ort und ließ ihn auch Einblick nehmen in ein Polizeiproto-
koll, das verblüffenderweise die mündliche Überlieferung einer
sagenhaften Geschichte dokumentierte: Inmitten der Kelsbachquellen, so heißt es da, steht eine Burg, die Rabenburg genannt; dort
hausten einst zwei Edelfräulein, die im 14. Jahrhundert spurlos verschwanden; niemand hat sie seither jemals wieder gesehen.
Waren das die beiden weisen Frauen? Hatte die Burg ihren Namen
von den Raben, die in vielen Märchen und Sagen als zukunftskün-
dende Schicksalsboten gelten? Eine vage Spur bot sich an.

Leo Weber wanderte von Pförring aus zu den Kelsbachquellen und erblickte dort, was er suchte: den »mit reicher wasserfülle sprudelnden quell, dessen ruhiger, unbeweglicher spiegel den eindruck eines teiches macht«. Auf einer Insel, zwischen Bäumen und Gestrüpp verborgen, entdeckte er die Ruinenreste der sagenhaften Rabenburg und ein unterirdisches Gewölbe.

Bei weiteren Recherchen stellte Leo Weber fest, daß es mit dem Quellgebiet »seine besondere bewandtnis haben muß«. Denn diese völlig unbedeutenden Kelsbachquellen waren namengebend gewesen für das benachbarte Römerkastell Celeusum, für die 25 Kilometer entfernte frühmittelalterliche Stadt Kelheim an der Altmühl und sogar für den 884 erstmals erwähnten, aber wohl viel älteren Kelsgau, der sich in weitem Umkreis um die Quellen bis über das andere Donauufer hinaus erstreckte. Dazu Leo Weber: »den grund dafür erblicke ich darin, daß die quellen des kelsbachs eine uralte, bereits in vorrömischer zeit bekannte cultstätte gewesen sind.«

Vorrömische Zeit: Das würde bedeuten, daß die Kelsbachquellen sogar schon zur Keltenzeit eine heilige Stätte der Druiden gewesen sein könnten. Doch diese Kelten-Theorie – von Heimatforschern später aufgegriffen und wacker verfochten – läßt sich nicht beweisen. So gut wie sicher aber ist, daß die Kelsbachquellen zur Römerzeit als Parzenheiligtum verehrt wurden. Denn im Jahre 1914 hatten Archäologen, wie Leo Weber ermittelte, dort einen Gedenkstein[*] gefunden mit der Inschrift: PARCIS SOCROM MARTELLVS (Den Parzen geweiht von Martellus). Parzen sind die drei römischen Schicksalsgöttinnen Nana, Decima und Morta, die als zukunftskundig galten – und als zukunftskundig galten auch die weisen Frauen im Nibelungenlied.

Aus Leo Webers Ermittlungen läßt sich folgende These formulieren: Das Quellgebiet des Kelsbachs hat – »durch das medium der sel-

---

[*] Der Stein kam ins Bayerische Nationalmuseum und wurde während des Zweiten Weltkrieges bei einem Bombenangriff zerstört.

ben örtlichkeit« – über lange Zeiträume hinweg sagenhafte Vorstellungen von prophetischen Frauen herausgefordert. Die zukunftskundigen Parzen des römischen Götterglaubens wandelten sich, dem Zeitgeist entsprechend, in die weissagenden Frauen des mittelalterlichen Volksglaubens. Als dann die Rabenburg erbaut wurde, wandelten sich die zwei Wasserfrauen in zwei sagenumwobene Burgfräulein. Und als gegen Ende des Mittelalters, im 14. Jahrhundert, die Kelsbachquellen ihren Nimbus als Orakelstätte verloren, verschwanden die Burgfräulein aus den Überlieferungen spurlos.

Daß die Kelsbachquellen zur Stauferzeit noch als mythische Stätte bekannt waren, dafür zieht Leo Weber den Nibelungendichter als Zeugen heran: »was er darüber sagt, kann den vollen wert eines historischen dokuments beanspruchen.« Und: »wenn die schilderung bis in einzelheiten mit der örtlichkeit derart vertraut sich zeigt, ... so muß das gelände dem dichter zumindest sehr vertraut gewesen sein.«

Das Farbenspiel der Tauchpflanzen

Die Kelsbachquellen bieten heute in etwa denselben Anblick wie zur Zeit des Nibelungendichters. Sie sind unverletzt geblieben von der Zivilisation, fast unverändert seit Jahrhunderten, als würde die Zeit stillstehen, dort bei der Quelle der weissagenden Frauen.

Heute wie damals kann man die Kelsbachquellen über die (inzwischen asphaltierte) Römerstraße erreichen, die von Theißing aus schnurgerade ostwärts führt und wohl auch den Nibelungen als Weg gedient hat. In der Gemeinde Pförring, Ortsteil Ettling, macht die Römerstraße einen Knick nach rechts, und genau dort schimmern unterhalb eines bewachsenen Steilhangs schon die Wasser der Quellen. Fast läßt sich der Eindruck gewinnen, als sei dieser verkehrstechnisch unmotivierte Straßenknick zur Römerzeit eine Art Zubringer zu dem Parzenheiligtum gewesen.

Wer vom Pförringer Ortszentrum aus kommt, fährt nach Ettling und biegt dort, unmittelbar vor der Steigung, nach rechts zu einem Bauernhof ab. Linkerhand tauchen dann die Kelsbachquellen ins Blickfeld.

Viermal war ich dort. Jedesmal erlebte ich, von der Witterung abhängig, eine andere Atmosphäre. Am eindrucksvollsten war es bei Morgennebel, im Licht der aufgehenden Sonne:

Farbschillernd die Dunstglocke über dem Weiher, tauglitzernd am Ufer die Moosteppiche, Farne, Flechten, Butterblumen und Teichrosen, die Wildnis der Birken und Haselnußstauden, das Gewirr der Reben und Efeuranken.

Auf der Wasseroberfläche, im Spiegelbild des Himmels, die Blätter und Blüten der Schwimmpflanzen.

Unter dem Wasser breitet sich ein ganzer Urwald von Tauchpflanzen aus mit Grasbüscheln, Quasten, Stengeln und Blättern, violett, blau, grün, türkis, gelb, unablässig gedreht, gewedelt und gewirbelt von den Strudeln und Strömungen mehrerer Quellen, die auf dem Grunde des Weihers entspringen. Und dieses ständig wechselnde, kaleidoskopartig sich verändernde Farbenspiel der Tauchpflanzen – vom Morgennebel gleichsam herausgezaubert aus dem Wasser – schwebt als opalisierender Widerschein über dem Weiher, verläuft nach oben allmählich ins Grau und zerstiebt schließlich in den Strahlen der aufgehenden Sonne.

Auf einer Insel, zwischen Fichten, Haselnußgestrüpp und silbrig schimmernden Fruchtständen der dunkelgrünen Waldrebe, leuchten aus Nebelschwaden die Ruinenreste der Rabenburg hervor mit zerfallenen Wehrmauern, einem Torbogen und dem Eingang zu einem unterirdischen Verlies.

Die Rabenburg wurde zu einer uns unbekannten Zeit von Öttlinger Rittern erbaut, den Angehörigen eines uralten Rittergeschlechts, das dem Dorf Ettling – früher Öttling – den Namen gegeben hat.

Ob es die Rabenburg zur Zeit des Nibelungendichters schon gab oder nicht, läßt sich nicht mehr feststellen. Auf die Burg kommt es auch weiter nicht an. Entscheidend ist die landschaftliche Faszina-

tion, deren mythenbildende Kraft auch heute noch empfunden wird. »Kein Wunder, wenn die eigenartigen Kelsquellen seit jeher eine eigenartige, geheimnisvolle Anziehungskraft ausübten.« (Nell, *Wanderungen zur Kelsquelle*)
Kein Wunder auch, daß sich der Nibelungendichter dieses Bühnenbild nicht entgehen ließ: Hier, an der allgemein bekannten Orakelstätte, wo die Menschen des Mittelalters weissagende Wasserwesen wähnten, bot sich Gelegenheit, die Prophezeiung vom Untergang der Nibelungen glaubhaft zu inszenieren. Hier konnte der Dichter zwei weise Frauen ins Spiel bringen, die Hagen vor der Reise ins Hunnenland warnten: »Wer dahin reitet, den hat der Tod an der Hand.«

Der Fährmann fühlte sich gefoppt

Hagen wollte die Weissagung nicht glauben. Vom Ufer aus rief er den über dem Teich schwebenden Wasserfrauen zu: »Ihr wollt mich nur belügen. Warum sollten wir ersterben bei den Hunnen? Nur eine einzige Person ist uns dort feindlich gesonnen.«

Da sprach die eine wieder: »Es muß nun so geschehn.
Keiner wird von Euch allen die Heimat wiedersehn
als der Kaplan des Königs! Das ist uns wohlbekannt.
Der alleine kommt geborgen heim in König Gunthers
[Land.«

»Trotzdem fahren wir weiter«, rief Hagen. »Sag mir lieber, wie ich einen Fährmann finde, Du allerweisestes Weib.«
»Wenn Du schon unbedingt weiterfahren willst, Hagen, so sage ich Dir: Flußaufwärts steht am anderen Ufer der Donau ein Fährhaus. Dort haust ein Ferge – ansonsten findest Du keinen weit und breit.«
Hagen wandte sich grußlos ab, um das Fährhaus zu suchen. Da rief ihm die andere Wasserfrau nach: »Nicht so eilig! Hört mich an, Hagen, damit der Fährmann Euren Willen erfüllt. Im Bayernlande

jenseits der Donau herrschen die Markgrafen Else und Gelfrat. Der
Fährmann ist ihnen treu ergeben und setzt keinen über, den er nicht
kennt. Versprecht ihm erst einmal einen Lohn ...

> und kommt er nicht beizeiten,   so rufet über Flut
> und sagt: Ihr heißet Amelrich.   Das war ein Degen gut,
> der seiner Feinde willen   räumte dieses Land.
> Dann wird der Fährmann kommen,   wird ihm der Name
> [genannt.«

Hagen dankte und ging flußaufwärts, bis er bei Moeringen – dem
heutigen Großmehring – am anderen Ufer das Fährhaus sah.
Moeringen war ehedem eine unbedeutende Überfuhr und diente vor
allem dem lokalen Pendelverkehr. Der Empfehlung entsprechend,
versuchte Hagen zunächst, den Fährmann mit der Verheißung von
Gold über den Strom zu locken. Vergeblich.

> Da rief er so gewaltig,   daß der Strom erscholl
> von des Helden Stärke,   die war so groß und voll:
> »Mich, Amelrich, hol über.   Ich bin es, Elses Mann,
> der vor starker Feindschaft   aus diesem Lande entrann.«

Nun kam der Ferge eiligst mit dem Boot über den Fluß gefahren.
Doch als er Hagen sah, geriet er in Zorn: »Ihr seid nicht der, für den
Ihr Euch ausgebt. Amelrich ist mein Bruder! Mich legt man nicht
herein. Bleibt, wo Ihr seid.« Er wollte wieder abstoßen. Hagen ver-
suchte, ihn daran zu hindern, und sprang auf das Boot. Es kam zum
Kampf. Der Ferge blickte sich nach einer Waffe um und:

> Er hob sein starkes Ruder,   mächtig und breit,
> und schlug es auf Hagen   (dem ward es sogleich leid),
> daß er im Schiffe nieder   strauchelt auf die Knie.
> Solch grimmen Fergen   fand der von Tronje noch nie.

Ihn stärker zu erzürnen,   den übermüt'gen Gast,
schlug er die Ruderstange,   so daß sie gar zerbarst,
auf das Haupt des Hagen.   Er war ein starker Mann,
doch davon dieser Ferge   bald großen Schaden nahm.

Voll ingrimmen Mutes   griff Hagen mit der Hand
zur Seite an die Scheide,   wo er das Schwert gleich fand.
Er schlug das Haupt ihm nieder   und warf es auf den Grund.
Bald wurden diese Mären   den stolzen Burgunden kund.

Inzwischen trudelte das Boot auf der Donau dahin. Hagen fand ein
zweites Ruder und versuchte, zurück ans Ufer zu steuern, allerdings
mit solcher Kraft, daß nun auch die zweite Ruderstange zerbrach.
Schnell band er sie mit einem Schildriemen zusammen, und endlich gelang es ihm, das Ufer zu erreichen, gerade rechtzeitig, denn
dort kamen ihm die Nibelungen von Pförring aus entgegen. Die
Könige empfingen ihn fröhlich, wurden aber nachdenklich
gestimmt, da Blut auf den Planken des Bootes dampfte.

Als der König Gunther   das heiße Blut ersah
in dem Schiffe rinnen,   wie bald sprach er da:
»Wo ist denn, Herr Hagen,   der Fährmann hingekommen?
Eure starken Kräfte   haben ihm wohl das Leben
                              [genommen?«

Da leugnete es Hagen: »Als ich das Schiff da fand
bei einer wilden Weide,   da löst' es meine Hand.
Ich habe keinen Fergen   heute hier gesehn,
Leid ist auch niemand   von meinen Händen geschehn.«

Spielmann Volker kannte Straßen und Stege

Damit war dieses Thema für Hagen vorerst ausgestanden. König
Gernot drängte zur eiligen Überfahrt. Die Pferde wurden ins Wasser getrieben und gelangten wohlbehalten ans andere Ufer.
Hagen übernahm das Amt des Fergen und setzte, mehrmals hin-
und zurückrudernd, 1060 Recken und 9000 Knappen über. »Müßig
war der Tronjer nicht an diesem Tage«, heißt es im Nibelungenlied.
Bei der letzten Fahrt war der Kaplan mit dabei. Als sie das Ufer
erreichten, erinnerte sich Hagen an die Prophezeiung der Wasserfrauen: »Der Kaplan des Königs... Der alleine kommt geborgen
heim in König Gunthers Land.«
Hagen wollte die Weissagung auf ihren Wahrheitsgehalt prüfen und
blickte sich nach dem Kaplan um, von dem er wußte, daß er nicht
schwimmen konnte.

> Bei seinem Gepäcke   er den Priester fand,
> der auf geweihtes Meßgerät   sich stützte mit der Hand.
> Das half ihm jedoch gar nichts,   als Hagen ihn ersah.
> Der arme Priester,   viel Ungemach erlitt er da.

> Hagen schwang aus dem Schiffe   ihn mit jäher Gewalt.
> Da riefen ihrer viele: »Halt! Hagen! Halt!«
> Giselher, der junge,   hob zu zürnen an.
> Doch Hagen wollt's nicht lassen.   Leid ward dem Priester
> [getan.

Der Kaplan versuchte, an Bord zu klettern oder das nahe Ufer zu
gewinnen; doch Hagen stieß ihn immer wieder ins Wasser zurück.

> Als der arme Priester   hier keine Hilfe sah,
> durchquert' er das Wasser.   Viel Sorge litt er da,

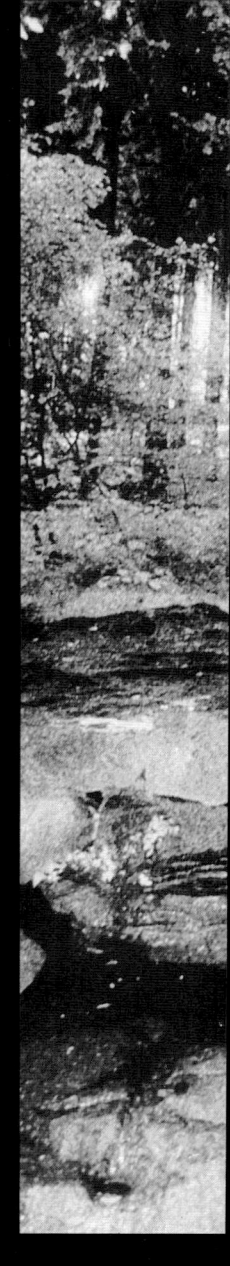

Der Streit der Königinnen:
Das Nordportal (oben)

Vermutliche Mordstelle:
Der Siegfriedbrunnen von Heppenheim (unten)

Populärste Mordstelle:
Der Siegfriedbrunnen von Grasellenbach

Siegfrieds langer Sarg:
Sarkophag im Kloster Lorsch (oben)

Christentum und Mythos:
Kreuz und Weltesche (unten)

Siegfrieds Begräbnisort:
Das Kloster Lorsch

Römerbau am Nibelungenweg:
Der Hufeisenturm von Mautern (oben)

Kriemhilds Einzug in Traismauer:
Das Römertor (unten)

Hagen und Volkers Nachtwache:
Torbogen in der Arpadenburg

König Etzels Burg:
Die Arpadenburg in Esztergom

weil er nicht schwimmen konnte.   Doch half ihm Gottes
                                        [Hand,
daß er wohlgeborgen   zurückkam zum anderen Strand.

Da stand der arme Priester   und schüttelte sein Kleid.
Und nun erkannte Hagen,   daß ihm die reine Wahrheit
vorhin gesagt das rätselhafte   weise Wasserweib.
Er dachte: Diese Degen   verlieren alle Leben und Leib.

Und sogleich ging Hagen daran, das Fährboot zu zertrümmern. »Ich
vernichte das Boot aus Überlegung«, rief er, während er die Wrack-
teile in den Fluß hinausstieß. »Sollten wir einen Feigling unter uns
haben, der heimlich umkehren will, dann kommt er hier nicht mehr
über den Strom.«

Als sie nun alle   standen auf dem Strand,
da fragte König Gunther: »Wer soll uns durch das Land
die rechten Wege weisen,   daß wir nicht irrefahren?
Da sprach der kühne Volker: »Ich allein kann Euch davor
                                        [bewahren.«

Als sie aufbrechen wollten, rief Hagen: »Wartet einen Augenblick. Ich
habe Euch eine unheilvolle Botschaft zu machen. Heute früh sagten
mir zwei weise Wasserfrauen, daß wir alle sterben müßten im Hunnenland...

Ich wähnte, Lug zu finden   bei diesen weisen Fraun,
Sie sagten mir, nicht einer   werde wiederschaun
die Heimat von uns allen,   bis auf den Kaplan.
Darum hätte ich so gerne   den Tod ihm heute angetan.«

Da flogen diese Worte   von Schar zu Schar einher.
Bleich vor Schrecken   wurden die Degen hehr,

als sie die Sorge faßte   vor dem herben Tod.
Die Reise zu den Hunnen,   sie schuf ihnen wahrlich Not.

Kaum hatten sich die erregten Stimmen gelegt, da rückte Hagen mit
der zweiten Hiobsbotschaft heraus. »Ich habe mir Feinde gemacht
heute«, begann er, »deshalb müssen wir mit einem Angriff der bayerischen Markgrafen Else und Gelfrat rechnen.« Nach einer Weile
äußerte er sich deutlicher:

»Ich erschlug den Fährmann   heute morgen fruh.
Seine Herren erfahren es.   Drum eilt und packet zu.
Wenn Gelfrat und Else   uns heute greifen an.
So soll es den Feinden   gar übel ergehen dann.«

Mit seinem Bruder Dankwart und einer Schar ausgewählter Recken
wollte Hagen die Nachhut übernehmen. Da fragte König Giselher:

»Wer zeigt uns hier nun   die Wege durch das Land?«
Sie sprachen: »Das soll Volker.   Dem sind hier wohlbekannt
die Straßen und die Stege,   dem stolzen Spielmann.«
Eh man's von ihm verlangte,   kam er gewaffnet heran,

der stolze Spielmann.   Den Helm er überband.
Von hellichter Farbe   war sein Streitgewand.
Am Speerschaft ließ er flattern   ein Banner, das war rot.
Bald kam er mit den Königen   in eine furchtbare Not.

Der Nibelungendichter läßt hier eine Frage offen, die sich spontan
aufdrängt: Warum Volker von Alzey, Fahnenträger der Burgunden
am Rhein, Vasall der Könige von Worms − warum denn Volker aus
dem Rheinland die Straßen und Wege entlang der Donau so genau
kennen soll? Die Frage wird uns später noch beschäftigen.

Der nächtliche Kampf

Die Markgrafen Else und Gelfrat hatten inzwischen vom Tod ihres
Fährmannes vernommen. Sie trommelten über 700 ihrer in harten
Kämpfen erprobten Recken zusammen und galoppierten voll
Rachelust hinter den Nibelungen her.
Die folgende Schilderung im Nibelungenlied ist besonders farbig
und eindringlich; sie liest sich wie ein Augenzeugenbericht, gerade
so, als hätte der Dichter die Szene selbst erlebt.
Der Tag war zerronnen, es wurde völlig dunkel. Hagen, Dankwart
und die Männer der Nachhut ritten, geschützt von ihren Schilden,
durch das Land der Bayern. Da hörten sie Hufgeklapper hinter sich
und links und rechts.

Sie hielten ein im Reiten,   denn es mußte sein.
Da sahen sie im Finstern   der lichten Schilde Schein.
Nicht länger stille schweigen   mochte da Herr Hagen:
»Wer jagt uns auf der Straße?«   Das mußte Gelfrat ihm nun
[sagen.

»Wir suchen unsere Feinde, die unseren Fährmann erschlagen
haben«, sagte Markgraf Gelfrat. »Wir wissen nicht, wer es war.«
»Ich war's!« rief Hagen, »er wollte uns nicht übersetzen. Ich mußte es
tun, sonst hätte er mich mit der Ruderstange erschlagen.«
»Ich wußte«, sagte Gelfrat, »daß König Gunther und sein Gefolge
durch mein Land reiten. Und ich wußte auch, daß Hagen von Tronje
uns Ärger machen würde. Nun, Hagen, büßt für den toten Fährmann.«
Gelfrat und Hagen senkten die Speere zum Stechen über ihre
Schilde und stürmten wütend aufeinander ein. Auch Markgraf Else
und Dankwart ritten »herrlich gegeneinander«. Gleichzeitig krachten schon die Speerschäfte ihrer Gefolgsleute.
Hagen stürzte beim Zusammenprall mit Gelfrat aus dem Sattel. Sei-

nem Pferd barst der Vordergurt. Er sprang sofort auf und rannte Gelfrat an, der ebenfalls zu Fuß weiterkämpfte. Nun kam Hagen in Bedrängnis. Unter den Schwerthieben Gelfrats sprühten Funken aus seinem Stück für Stück zerhauenen Schild. »Hilf mir, lieber Bruder«, schrie Hagen. »Er bringt mich um!«

Dankwart sprang herbei und tötete Gelfrat mit einem scharfen Schwertstreich.

Else versuchte nun, Gelfrats Tod zu rächen, doch er war verwundet; 80 seiner Recken lagen schon tot im Gras, und so mußte er mit seinen Gefolgsleuten flüchten, verfolgt von Hagen, Dankwart und den Recken der Nachhut. Lange Zeit hörte man noch Schwertschläge hallen durch die Nacht.

»Laßt ab«, rief Dankwart nach einer Weile, »die Feinde sind naß von Blut, wir sollten zurück zu unseren Freunden.« Vier Männer hatte die Nachhut verloren. »Doch das konnten sie verschmerzen«, heißt es im Nibelungenlied, »denn sie hatten Rache genommen und insgesamt über 100 Feinde erschlagen.«

Der Mond glänzte hin und wieder zwischen vorbeiziehenden Wolken und beleuchtete ihre von Blut besudelten Schilde.

Sie holten bald den Troß ein und schlugen auf einer Wiese ihr Nachtlager auf. Erst am nächsten Morgen, als die Sonne mit ihren Strahlen die Berge ins Licht tauchte, wurde das Blut an ihren Schilden und Rüstungen entdeckt.

An dieser Stelle müssen wir wieder eine Szene aus dem Barbarossa-Kreuzzug einblenden. Aus verschiedenen Überlieferungen erfahren wir, daß der Passauer Heerhaufen unter Führung des damaligen Bischofs Diepold ziemlich weit vorne in der Nähe des Kaisers ritt und deshalb den Überfällen von räuberischem Gesindel besonders häufig ausgesetzt war. Eines Nachts gab es ein Nachhutgefecht, das verblüffende Parallelen zu dem im Nibelungenlied geschilderten Abenteuer der Brüder Hagen und Dankwart zeigt.

Anfang Dezember 1189 griffen griechische Räuber die Passauer bei

Mondlicht von rückwärts an. Sie stießen auf den Widerstand der Nachhut, die von zwei Brüdern befehligt wurde: Friedrich und Konrad von Dornberg, beides Angehörige eines inzwischen ausgestorbenen Geschlechts unbekannter Herkunft.

Die Räuber wurden nach heftigem Gefecht abgeschlagen, und als die Brüder den eigenen Trupp eingeholt hatten, sah man, daß sie blutbesudelt waren.

Die Vermutung ist naheliegend, daß der Dichter dieses Gefecht hautnah miterlebt und später im Nibelungenlied verarbeitet hat. Das würde bedeuten, er war Teilnehmer des Passauer Heerhaufens, in dem der Tod besonders heftig wütete. Alle sieben Domherren verloren während des Kreuzzuges ihr Leben: Prior Konrad, Probst Ulrich, Probst Markwart, Dekan Tageno, Rüdiger von Aheim, Pfarrer Meginhalm und Burkhard von Chambe. Am 3. November 1190 starb in Akkon auch Bischof Diepold. Nur wenige Passauer überlebten. Als sie die Nachricht vom Tode des Bischofs in die Heimat brachten, wurde sogleich sein Nachfolger insigniert: Bischof Wolfger, dem der Nibelungendichter in der Gestalt des Passauer Bischofs Pilgrim ein Denkmal gesetzt hat.

Der einsame Ritter am Ufer der Enns

Die nächste im Nibelungenlied genannte Reisestation war Passau. Bischof Pilgrim zeigte sich stolz und glücklich, daß seine königlichen Neffen mit so vielen Recken ins Land gekommen waren. Er bewirtete sie alle, konnte aber nicht über 10 000 Mann in seiner Stadt einquartieren. Deshalb bot er ihnen einen Platz gleich jenseits des Inns an, wo sie ihre Zelte aufschlugen (und wo auch die Teilnehmer des Barbarossa-Kreuzzuges im Jahre 1189 biwakiert hatten).

Dieser Zeltplatz, so haben Heimatforscher ermittelt, dürfte das Gelände des ehemaligen Römerlagers Bajodorum gewesen sein, von dem heutzutage kaum noch Ruinenreste erhalten sind.

Bischof Pilgrim bestand darauf, daß seine Gäste einen ganzen Tag und eine Nacht in Passau blieben. Dann erst ließ er sie weiterziehen.

An der Grenze zu Rüdigers Markgrafschaft, damit kann nur die Enns gemeint sein, fanden die Nibelungen den schlafenden Ritter Eckewart, einen Wächter, dem Hagen erst einmal das Schwert abnahm. Als Eckewart aufwachte, äußerte er sich bestürzt über seine Nachlässigkeit: »O weh, diese Schande. Wie schlecht habe ich Rüdigers Mark bewacht.«

Hagen gab ihm das Schwert zurück und schenkte ihm sechs rotgoldene Spangen: »Ein Zeichen meiner Zuneigung. Du bist ein tapferer Recke, da Du allein die Mark beschützt.«

»Gott lohn Euch Eure Spangen«,   sprach da Eckewart,
»doch muß ich sehr beklagen   zu den Hunnen Eure Fahrt.
Ihr erschluget Siegfried.   Man trägt Euch hier noch Haß.
Daß Ihr Euch wohl behütet,   in Treuen rate ich Euch das.«

Dieser einsame Grenzwächter ist eine rätselhafte Gestalt und hat die Forscher viel beschäftigt.

Einerseits müßte er – da er später als »Gefolgsmann Kriemhilds« bezeichnet wird – identisch sein mit dem burgundischen Markgrafen Eckewart, der Kriemhild auf ihrer Reise ins Hunnenland begleitet hat. Was aber, so fragt man sich, soll er dann an der Grenze von Rüdigers Markgrafschaft? Und noch dazu allein?

Andererseits spricht viel dafür, daß der Nibelungendichter hier eine mythische Figur ins Spiel bringen wollte: den getreuen Eckewart*, eine sprichwörtliche Warnergestalt der Sage. Der getreue Eckewart warnt vor dem Wilden Heer, er warnt vor dem Rattenfänger von Hameln, er warnt Tannhäuser vor dem Venusberg.

Und hier warnte ein einsamer Ritter namens Eckewart die Nibelungen vor Kriemhilds Rache.

* In anderen Schreibweisen auch Eckehart, Ekkehart, Eckart und ähnlich

Nudungs Schild: Geschenk für Hagen

Eckewart ritt voraus nach Bechelaren und avisierte Markgraf Rüdiger die bevorstehende Ankunft der Nibelungen.
Sogleich rüstete man in der Markgrafenburg für einen herzlichen und würdigen Empfang. Die Frauen öffneten ihre Truhen, holten die kostbarsten Kleider heraus, den erlesensten Schmuck und banden sich goldfarbene Stirnbänder um, damit ihnen der Wind die Haare nicht zerzausen konnte. Rüdiger ritt den Gästen ein Stück des Weges entgegen: »Seid mir willkommen, Ihr Herren und Euer Gefolge. Gerne sehe ich Euch hier bei mir.«
Als die Nibelungen vor der Stadt angelangt waren, kamen ihnen zu Ehren 36 Frauen – »alle von wunderbarer Gestalt« – und die »herrliche Schar« der Gefolgsleute aus der Burg entgegen.
Rüdiger hieß seine Gemahlin und seine Tochter, sechs der Ankömmlinge zu küssen: Gunther, Gernot und Giselher, Hagen, Dankwart und Volker. »Denn Volker ist ein besonders wohlgezogener Mann.«
Gotelind und Dietlind begrüßten sie mit Küssen, wie es der Markgraf gewünscht. Doch vor Hagen zögerte die Tochter: »Er deuchte ihr so furchtbar, sie hätt' es lieber nicht getan.«

Doch mußte sie ihn küssen,   wie der Vater ihr gebot.
Gemischt war ihre Farbe,   bleich und auch rot.
Auch Dankwart küßte sie,   danach den Spielmann.
Seiner Kraft und Kühnheit wegen   ward ihm die Ehre getan.

Die Knappen und die meisten Recken aus dem Gefolge lagerten inzwischen auf den Wiesen vor der Markgrafenburg, und die Ehrengäste wurden in den Palast zu einer gedeckten Tafel geführt. Dietlind, Rüdigers Tochter, blieb dem Essen fern und speiste, wie es sich gehörte, in ihrer Kemenate mit gleichaltrigen Mädchen.
Bei Tisch unterhielten sich die Gäste mit fröhlichen Sprüchen.

Besonders Volker fiel durch artige Bemerkungen auf. »Wenn ich
König wäre«, sagte er zu Markgraf Rüdiger, »würde ich Eure Tochter
zur Gemahlin nehmen, denn sie ist so minniglich anzusehen, so edel
und gut.«
»So soll doch König Giselher sie zum Weibe nehmen«, rief da
Hagen. »Sie ist die Tochter eines so edlen Mannes, von so bedeuten-
der Herkunft, daß sie würdig wäre, die Krone im Burgundenland zu
tragen!«
Schnell wurde Hagens Idee in die Tat umgesetzt: Rüdiger, seine
Gemahlin und die Könige kamen überein, daß Giselher, der jüngste
Burgundensproß, die schöne Dietlind zur Gemahlin nehmen
sollte.
»Ich kann meiner Tochter keine Burgen und Länder als Morgen-
gabe geben«, sagte Rüdiger, denn er war ein Gefolgsmann König
Etzels, und Etzel gehörten Burg und Markgrafschaft von Bechela-
ren. »Aber ich kann Euch meiner immerwährenden Treue versi-
chern! Und ich werde«, fügte er hinzu, »meiner Tochter so viel Gold
und Silber mitgeben, wie 100 Packpferde zu tragen vermögen.«
Dietlind wurde aus der Kemenate geholt und zu Giselher geführt.
Alle Männer erhoben sich von der Tafel und traten im Kreis um das
Paar, wie es üblich war bei Verlöbnissen.

> Als man begann zu fragen   die minnigliche Maid,
> ob sie den Recken wolle,   zeigt' sie Verlegenheit,
> obschon sie gern ihn hatte,   den stattlichen Mann.
> Sie schämte sich der Frage,   wie manches Mägdlein
>   [hat getan.

> Da riet ihr Vater Rüdiger,   daß sie spräche ja
> und daß sie ihn gern nähme.   Wie schnell war Giselher da
> mit seinen weißen Händen,   damit er sie umschloß.
> Ihr Glück war kurz.   Wie wenig sie seiner doch genoß!

Dietlind mußte nun wieder zurückkehren in ihre Kemenate zu den anderen Mädchen.

»Und wenn Ihr wiederkehrt«, sprach Rüdiger zu den Nibelungen, »wenn Ihr auf dem Rückweg von den Hunnen hier in Bechelaren wieder meine Gäste seid, dann will ich Giselher meine Tochter mitgeben ins Burgundenland.«

Als die Tafel aufgehoben wurde, wollten die Gäste weiterreisen, doch Rüdiger nötigte sie, noch vier Tage lang zu bleiben. Sie willigten ein und genossen die Gastfreundschaft des Markgrafen, der nicht müde wurde, seinen Gästen das Leben so angenehm wie möglich zu machen. Am Tag des Abschieds entließ Rüdiger seine hohen Gäste nicht ohne Geschenke.

Giselher war schon reich beschenkt genug mit Rüdigers Tochter und bedurfte keiner weiteren Gabe mehr. König Gunther, der als oberster Landesfürst niemals Geschenke annahm, ehrte den Markgrafen, indem er sich eine Rüstung schenken ließ. Gernot erhielt ein scharfes Schwert, und Hagen wurde eine ganz außergewöhnliche Ehre zuteil: Die Markgräfin ließ ihn ein Geschenk wählen, eine auffallende Geste für eine Frau, denn zu jener Zeit pflegten nur Männer – Fürsten oder die höchsten Gefolgsleute – das Privileg der Großzügigkeit zu üben.

Hagen zögerte, blickte sich um und sagte: »Von allem, was ich jemals sah, würde ich nichts lieber besitzen als den Schild, der dort an der Wand hängt.« Mit diesen Worten betrübte er die Markgräfin. Denn dieser Schild hatte ihrem Sohn Nudung gehört, der von Wittich im Zweikampf erschlagen worden war. Sie mußte weinen, doch sie schritt zur Wand, hob den Schild herab und reichte ihn Hagen.

Sie sprach zum Helden: »Den Schild will ich Euch geben.
Wollte Gott im Himmel,   daß er noch dürfte leben,
der einst ihn getragen.   Er fand im Kampf den Tod.
Ich muß ihn stets beweinen.   Das schafft mir armem Weibe
                      [Not.«

Da hatte mit der Fiedel,   Volker, der kühne Held,
sich vor Gotelind   höfisch hingestellt.
Er geigte süße Töne   und sang dazu sein Lied.
Damit nahm er Urlaub,   als er von Bechelaren schied.

Und noch einmal übte die Markgräfin das fürstliche Vorrecht der
Großzügigkeit. Sie ließ eine Truhe herbeibringen, entnahm ihr zwölf
goldglänzende Armreife und streifte sie Volker über die Hand: »Die
sollt Ihr mitnehmen und an König Etzels Hof tragen. Wenn Ihr wieder
zurückkehrt, so möchte ich erfahren, ob Ihr dort mir zu Ehren
gesungen und Turniere geritten habt.«
Giselher umarmte nun noch seine junge Braut, und dann begaben
sich alle Ehrengäste vor die Burg. Als sie reisefertig auf ihren Pferden
saßen, Gunther, Gernot, Giselher, Hagen, Dankwart und Volker, die
1060 Recken und 9000 Knappen, alle gekleidet in prächtige Gewänder, mit blinkenden Helmen und Schilden, da hatte Rüdiger noch
eine besondere Überraschung für sie bereit. »Ich gebe Euch Geleit,
damit Ihr Euch sicher fühlen könnt während der Reise.«

Rüdiger stand schon bereit   mit fünfhundert seiner Mann,
mit Rossen und mit Kleidern.   Sie alle ritten dann
zum Hofgelage   voll Freude und voll Glück.
Nach Bechelaren kehrte   nicht einer lebend zurück.

Treue und Untergang
Die Etzelburg in Esztergom

Eskorte für Kaiser Friedrich

Sie ritten von Bechelaren aus »stromabwärts die Donau entlang«
bis zur Etzelburg. Von weitem schon konnten sie auf steil abfallen-
dem Felsplateau den Palast, die Wehrmauern, Türme und Zinnen
sehen.
Wo die Etzelburg steht, ist im Nibelungenlied eindeutig ausgewie-
sen: in der »Stadt zu Gran«, im heutigen Esztergom unweit des
Donauknies, etwa 60 Kilometer von Budapest entfernt.
Gran war römisches Kastell, östliche Grenzfestung des Merowinger-
reiches, Geburts- und Sterbeort König Stephans I., Residenz der
Arpaden und Hauptstadt des Königreiches Ungarn (bis 1241). Auf
dem früher schon befestigten Stadtberg von Gran baute Béla III.,
König von 1173 bis 1196, die Königsburg der Arpaden mit Palast,
Halle und Kapelle.
Die Türen, Tore, Doppeltore, Fenster und vor allem die Säulen und
Gewölbeverstrebungen wurden nach orientalischen und französi-
schen Vorbildern gestaltet. Auf Wandfresken waren Zweige, Blätter
und gravitätisch schreitende Löwen zu sehen, wie wir sie aus der
Kathedrale von Chartres kennen.
König Béla, in Byzanz erzogen, war verheiratet mit der französischen Prinzessin Anna Châtillon und – nach deren Tod – mit Mar-
garet Capet, einer Tochter des französischen Königs Ludwig VII. Er
schätzte höfische Etikette und ritterliche Tugenden, Turniere und
glänzende Feste. Sein Ruhm als Gastgeber war weithin bekannt.
Kaiser Friedrich Barbarossa weilte mit Gefolge gelegentlich des
3. Kreuzzuges im Jahre 1189 vier Tage lang auf der Arpadenburg.
Über diesen Kaiserbesuch berichten die Geschichtsschreiber sehr
detailliert:

Béla ritt mit seinen Vertrauten dem Kaiser entgegen und eskortierte ihn am 4. Juni zur Burg, wo schon Ritter und Hoffräulein im schönsten Staat harrten. Seine Gemahlin und die Tochter empfingen Friedrich Barbarossa und dessen engste Gefolgsleute mit Küssen.
Während der Tafel mußte die Tochter sich zurückziehen; es wurde aber ihre Schönheit gerühmt, und die Fürsten kamen überein, sie mit dem Kaisersohn, Friedrich von Schwaben, zu verloben. Die Königstochter wurde aus der Kemenate geholt und formell um ihr Einverständnis ersucht. Als sie zustimmte, bildeten die Männer, wie es üblich war bei Verlöbnissen, einen Kreis um das Paar. Friedrich von Schwaben sollte die Tochter des Burgherrn bei der Rückkehr vom Kreuzzug zur Gemahlin nehmen und in seine Heimat führen.
Nach der Tafel ersuchte König Béla die zum Aufbruch drängenden Gäste, noch vier Tage lang zu bleiben. Der Kaiser gewährte die Bitte, und Béla erwies sich in dieser Zeit als aufmerksamer Gastgeber.
Zum Abschied überreichte die Gemahlin des Königs dem Kaiser und seinen engsten Gefolgsleuten wertvolle Geschenke.
Schließlich brachen die Gäste auf, und König Béla verkündete, daß er ihnen noch ein Stück Weges das Geleit geben werde. Friedrich von Schwaben verabschiedete sich von seiner Verlobten und ritt in den Tod – wie Giselher, der sich mit Rüdigers Tochter verlobt hatte und nie mehr zurückkehren sollte, um seine Braut heimzuholen.
Die Übereinstimmung zwischen dem Empfang der Kreuzritter auf der Arpadenburg und dem Empfang der Nibelungen auf der Markgrafenveste Rüdigers ist so evident, daß wohl mit Sicherheit gesagt werden kann: Der Nibelungendichter war damals als Kreuzfahrer dabei, er hat die Szene erlebt und die Arpadenburg gekannt.
Allerdings verlegte er den Empfang auf der Arpadenburg in die Markgrafenveste von Bechelaren.
Und auf der Arpadenburg inszenierte er Kriemhilds Rache, den Kampf der Nibelungen und ihren Untergang.

Die Arpadenburg von Esztergom also ist die Etzelburg des Nibelungenliedes.

Die Etzelburg: Vom Erdboden verschluckt

Nach dem Besuch der Kreuzritter wurde die Arpadenburg mehrmals belagert, jahrhundertelang allerdings ohne Erfolg, bis 1543, als türkische Truppen den Schloßberg stürmten und die gegen Kanonenschüsse anfälligen Burgmauern mit Erde und Steinen zuschütteten. Die Burg war gleichsam vom Erdboden verschluckt. Auf den Wällen wurden Schützengräben ausgehoben und Rampen für Kanonen gegraben.

Die Türken blieben fast eineinhalb Jahrhunderte lang, und als sie 1683 abzogen, erinnerte sich niemand mehr an die Königsburg der Arpaden.

Nibelungenlied-Forscher kamen gegen Ende des 19. und zu Beginn des 20. Jahrhunderts nach Gran, um die Etzelburg zu finden. Auf dem Schloßberg sahen sie nur den klassizistischen Dom des Erzbischofs, Ungarns größte Kirche, zu deren Einweihung Franz Liszt im Jahre 1856 die *Graner Messe* komponiert hatte. Eine Burg entdeckten sie nicht, weder auf dem Berg noch in der näheren oder weiteren Umgebung.

Sie mißtrauten nun dem Nibelungenlied als Reiseführer und vermuteten, streitbar ihre Theorien verteidigend, die Etzelburg an anderen Orten, in Budapest beispielsweise, in der verfallenen Römerstadt Aquincum (Alt-Ofen) oder in Palas, einem kleinen Ort am anderen Donauufer.

Jedwede Spekulation hörte sich auf, als der Stein ins Rollen kam. Dieser Stein von der Größe eines prallgefüllten Kartoffelsacks stürzte im Jahre 1934 vom Felsplateau über einen Steilhang herunter und zerbarst neben einem Esztergomer Bürger, der, vom Schreck kaum erholt, beschwerdeführend zur erzbischöflichen Verwaltung lief.

Um weiteren Steinschlag zu vermeiden, schickte der Verwalter
einige Bauarbeiter auf den Berg, mit dem Auftrag, alle am Abgrund
lose herumliegenden Felsstücke zu entfernen. Nach einigen Tagen
meldeten die Arbeiter, jede Bedrohung sei nun gebannt; alle Steine
lägen abseits der Absturzrampe, und ein zufälligerweise zutage
gefördertes, verschüttetes Mauerstück sei so fest gefügt, daß ein
Herabstürzen nicht befürchtet werden müsse.

Ein verschüttetes Mauerstück? Der Verwalter stutzte und verstän-
digte per rekommandiertem Brief die Universität in Budapest.

Archäologen kamen angereist – und gerieten in Verzückung. Das
Mauerstück stammte, wie sie auf den ersten Blick erkannten, vom
Ende des 12. Jahrhunderts. Sie begannen Stein um Stein freizule-
gen und zauberten in vierjähriger Filigranarbeit die Königsburg der
Arpaden aus dem Erdboden – die Etzelburg des Nibelungenliedes.
Zeile um Zeile wiesen Germanisten nach, daß der Dichter diese Sze-
nerie vor Augen hatte, als er den Untergang der Nibelungen
beschrieb.

Die Burg war so angelegt, daß sie in erster Linie als Repräsentations-
bau für festliche Empfänge, politische Konferenzen und als Un-
terkunft für Gäste diente. Die Wohnungen der königlichen Familie,
der Gefolgsleute und Hofdamen befanden sich in Sichtweite der
Burg auf der Nordwestseite des Felsplateaus, wo jetzt nur noch Ruinenreste zu erkennen sind.

Wer heute von Westen her nach Esztergom schaut, ist irritiert von
dem alles überragenden Dom aus dem 19. Jahrhundert. Doch
wenn er den klassizistischen Monumentalbau gewissermaßen aus
dem Blickfeld wegretouchiert, dann sieht er die Etzelburg, wie der
Nibelungendichter sie gesehen hat: als langgestreckten Wehrbau,
der sich über das ganze Felsplateau hinzieht, mit Mauern, Türmen
und Zinnen.

Und vom Söller der Burg aus läßt sich gut vorstellen, wie Hildebrand,
der Waffenmeister Dietrichs von Bern, hinabblickte zur Donau und
die Nibelungen heranziehen sah.

Waffenbrüder

Hildebrand eilte sogleich zu Dietrich von Bern, der, Unheil ahnend, mit einigen Getreuen den Nibelungen entgegenritt und vor den ersten Reitern sein Pferd zügelte: »Seid willkommen, Ihr Herren, Gunther, Giselher, Gernot und Hagen, ebenso Herr Volker und der tapfere Dankwart. Ist Euch nicht bekannt? Kriemhild beweint Siegfried noch immer.«

»Sie kann lange weinen«, sagte Hagen. »Er ist seit Jahren totgeschlagen. Sie soll König Etzel lieben. Siegfried kommt nimmermehr.«

Dietrich blickte auf Hagen: »Lassen wir Siegfrieds Wunden auf sich beruhen. Doch ich warne Euch, solange Kriemhild lebt, sinnt sie auf Rache. Hütet Euch davor.«

»Wie sollten wir uns hüten? Wir sind Gäste von König Etzel«, sagte Gunther.

»Wir wollen doch sehen«, warf der Spielmann Volker ein, »was uns bei den Hunnen schon passieren kann.« Er nahm den Zügel auf, und die Nibelungen ritten den Berg empor bis zur Etzelburg, auf demselben Weg, der auch heute noch zur Arpadenburg führt. Auf dem Turnierfeld, das dem heutigen Platz zwischen Kirche und Burg (und einem Kiosk) entspricht, zügelten sie ihre Pferde.

Kriemhild mit Gefolge kam ihnen entgegen, begrüßte Giselher herzlich mit Kuß und, nach einigem Zögern, die anderen »mit valschem muote«. Ihre erste Frage galt dem Nibelungenhort.

»Der Hort«, sagte Hagen, »liegt auf dem Grunde des Rheins, und dort bleibt er bis zum Jüngsten Tag.«

»Der Hort ist mein Eigentum. Ihr habt ihn also nicht mitgebracht?«

Wieder war es Hagen, der Antwort gab: »Ich habe schon genug an meinem Schild zu tragen, an meiner Rüstung, an meinem Helm und an meinem Schwert.«

»Die Waffen müßt Ihr abgeben«, sagte da die Königin, »bevor Ihr die Burg betretet. Gebt sie mir, ich will sie verwahren lassen.«

»Die Waffen abgeben?« sagte Hagen. »Das kommt nicht in Frage.«

»Warum nicht? Euch hat wohl einer vor irgend etwas gewarnt? Wüßte ich, wer es war, er müßte den Tod kosten.«

»Ich war es, der sie gewarnt hat«, bekannte Dietrich voll Zorn. »Nur zu, Teufelsweib, versuch mich doch zu strafen.«

Kriemhild erstarrte, denn sie fürchtete die Feindschaft Dietrichs. Grußlos schritt sie davon.

Hagen blickte sich nach einem Waffengefährten um, dem er bei den zu erwartenden Racheaktionen bedingungslos vertrauen konnte.

> Da sah bei Giselher   er Volker stehn,
> den kühnen Spielmann.   Ihn bat er mitzugehn,
> da er wohl erkannte   seinen grimmen Mut.
> Volker war an Tugenden   ein Ritter, kühn und auch gut.

Sie gingen nebeneinander über den Turnierplatz und setzten sich auf die Bank vor dem Palast. Kriemhild, in ihren Saal zurückgekehrt, sah die beiden alleine, abgesondert von den Nibelungen. Sie stachelte einige Gefolgsleute zum Angriff auf: »Rächt mich an Hagen, tötet ihn! Auf Knien bitte ich Euch.«

60 Hunnen scharten sich zusammen, doch Kriemhild warnte: »Ihr seid zu wenig. Wie stark und kühn Hagen auch sein mag, Volker ist noch stärker und gefährlicher.« Erst als 400 Recken sich zum Angriff bereit erklärten, sah Kriemhild eine Aussicht auf Erfolg. »Ich werde mit Euch kommen, Ihr sollt von Hagen selbst das Geständnis der Untat hören. Dann könnt Ihr mich rächen.«

An der Spitze ihrer Gefolgsleute, die Krone auf dem Haupt, in ihrer ganzen Würde als Hunnenkönigin, schritt Kriemhild über den Turnierplatz auf Hagen und Volker zu.

»Die Hunnen tragen ihre Schwerter blankgezogen«, sagte Hagen, »es wird wohl zum Angriff kommen. Laßt mich wissen, Freund Volker, ob Ihr mir helfen wollt.«

»Ich helfe Euch sicherlich, und selbst wenn König Etzel mit seinem ganzen Heer angreifen sollte, würde ich keinen Fußbreit von Eurer Seite weichen.«

»Gott im Himmel möge es Euch lohnen, edler Volker.«

»Laßt uns vom Sitz aufstehen. Kriemhild kommt unter der Krone, wir müssen ihr die Ehre bezeugen.«

»Steht nicht auf, mir zuliebe. Die Angreifer würden es als Furcht auslegen.« Beide blieben sitzen. Hagen legte sein Schwert über die Knie – eine Waffe mit goldenem Knauf und grünem Jaspis: Siegfrieds Schwert Balmung!

Kriemhild trat auf beide zu, erkannte das Schwert und fragte tränenerstickt: »Wer hat, Hagen, nach Euch gesandt? Wie könnt Ihr es wagen, hierherzukommen?«

»Niemand hat nach mir gesandt. Man hat meine Herren eingeladen – und ich bin ihr Gefolgsmann. Also bin ich hier.«

»Ihr habt Siegfried erschlagen.«

»Ja! Was soll's! Ich bin Hagen, der Siegfried erschlug, den berühmten Helden. Er mußte büßen, weil Ihr, Kriemhild, meine Herrin Brünhild beleidigt hattet. Ich leugne nicht, mächtige Königin!«

»Hört«, rief Kriemhild zu ihren 400 Gefolgsleuten, »er leugnet nicht!«

Jetzt hätten die Hunnen angreifen können, doch keiner rührte sich. »Schaut Euch den gefährlichen Blick des Spielmanns an«, sagte einer. »Und Hagen kenne ich, ich habe ihn kämpfen sehen! Auch trägt er das Schwert Balmung!«

Die Hunnenschar löste sich auf, und Kriemhild begab sich zurück in ihren Saal.

»Unter des Hauses Tür saß er auf einem Stein«

Hagen und Volker erhoben sich und schritten zu den anderen Nibelungen, die auf den Empfang bei König Etzel warteten. Kurz darauf wurden sie in den Palast gebeten.

Etzel sprang vom Sitz und begrüßte seine Gäste mit großer Herzlichkeit, auch im Namen seiner Gemahlin, nicht ahnend, daß Kriemhild auf Rache sann. In goldenen Schalen ließ er Met, Wein und Moraz – Maulbeerwein – kredenzen.

Anschließend bat der Hunnenkönig die Herren zur Tafel.

Der Tag ging zu Ende, und der Sonnwendabend zog herauf.

Die Nibelungen bekamen ein prächtiges Schlafgemach in der Burg zugewiesen, ausgestattet mit Wolldecken aus Arras, mit Seidentüchern aus dem Orient, mit Pelzen aus Hermelin und schwarzem Zobel.

»So bequem es uns Kriemhild auch macht«, sagte Giselher, von düsteren Ahnungen bedrängt, »so schrecklich scheint mir dieses Schlafgemach zu sein. Ich fürchte, wir werden hier alle den Tod finden.«

»Schlaft unbesorgt«, sagte Hagen von Tronje, »ich werde Schildwache halten.«

Volker trat auf ihn zu: »Ich werde Euch beistehen.«

»Das lohn' Euch Gott im Himmel, ich wüßte keinen wertvolleren Waffengefährten als Euch.«

Die beiden bezogen Posten vor dem Saal, und die Nibelungen legten sich zur Ruhe: drei Könige, 60 Recken und 1000 Mann ihrer Gefolgschaft.

Wer den Arpadenpalast kennt, der weiß, daß für mehr als 1000 Mann kein Platz in einem Saal sein konnte (wie es denn überhaupt keine Burg zu jener Zeit gab mit einem Raum für solche Belegschaft). Von der Dimension her passen also Mannschaft und Bühnenbild nicht zusammen, weder bei dieser Szene noch bei den späteren Kämpfen. Der Widerspruch läßt sich nur damit erklären, daß der Dichter die Freiheit zur Übertreibung voll in Anspruch genommen hat. Ansonsten stimmt das Bühnenbild mit seiner Darstellung überein. Der Saal ist heute noch zu sehen, den er vor Augen hatte, und auch das im Laufe der Jahrhunderte verwitterte Steintor,

vor dem er die nächtliche Schildwache der Freunde Volker und
Hagen inszenierte:
Volker lehnte den Schild an die Wand und griff zu seiner Fiedel, um
die Freunde in den Schlaf zu spielen.

Unter des Hauses Tür   saß er auf einem Stein.
Ein kühnrer Fiedelspieler   mochte nimmer sein.
Als der Saiten Töne   so hold erklang',
da sagten die Reisegefährten   dem edlen Spielmanne Dank.

Es klangen seine Saiten.   Es erscholl das ganze Haus.
Tapferkeit und Kunstverstand   zeichneten ihn beide aus.
Süßer und sanfter   zu geigen hob er an.
So spielte er in den Schlummer   gar manchen sorgenden
[Mann.

Als alle eingeschlafen waren, nahm Volker seinen Schild wieder in
die Hand.
Es war wohl mitten in der Nacht, wenn nicht etwas eher, daß er im
Finstern einen Helm erglänzen sah.

Da sprach der Fiedelspieler: »Nun seht, Freund Hagen,
wir werden alle Gefahren   wohl gemeinsam tragen:
Gewaffnet vor dem Hause   seh' ich Leute stehn.
Soviel ich mag erkennen,   kommen sie uns zu bestehn.«

»So schweigt«, sprach Hagen,   »laßt sie erst näher her.
Eh sie uns innewerden,   wird ihrer Helme Wehr
zerschrotet mit den Schwertern   von unserer beiden Hand.
Sie werden Kriemhild   übel wieder heimgesandt.«

Als der Hunnenrecken einer   gleich darauf ersah,
daß die Tür behütet,   wie schnelle sprach er da:

»Was wir im Sinne hatten,   kann nun nicht geschehn.
Ich seh' den Fiedelspieler   vorm Hause Schildwacht stehn.

Ihm leuchtet von dem Haupte   seines Helmes Glanz,
der ist hart und lauter,   stark dazu und ganz.
Die Panzerringe leuchten,   so wie das Feuer tut.
Daneben steht auch Hagen.   Die Gäste sind in guter Hut.«

Da wandten sie sich wieder.   Als Volker das ersah,
zu seinem Heergesellen   im Zorne sprach er da:
»Nun laßt mich zu den Hunnen   vor dem Hause gehn,
ich will sie fragen,   damit sie Kriemhilds Plan gestehn.«

»Tut's mir zuliebe nicht«,   sprach Hagen entgegen,
»würdet Ihr hier weggehn,   so brächten diese Degen
Euch mit Ihren Schwertern   leicht in solche Not,
daß ich Euch helfen müßte.   Das wäre dann der Freunde
                                                    [Tod.

Wenn wir mit ihnen   kämen in den Streit,
so möchten ihrer zweie   oder vier in kurzer Zeit
zu dem Hause springen   und schaffen solche Not
drinnen an den Schlafenden,   daß wir's b'reuen bis zum
                                                    [Tod.«

Da rief der edle Volker   den Hunnen entgegen:
»Wie geht Ihr so bewaffnet,   Ihr behenden Degen?
Wollt Ihr auf Raubzug reiten,   Ihr Kriemhild untertan!
So nehmt die Hilf' von mir   und meinem Heergesellen
                                                    [an.«

Niemand gab ihm Antwort.   Zornig war sein Mut:
»Pfui, ihr feigen Wichte«,   sprach der Degen gut,

»im Schlaf uns zu ermorden!   Dazu kamt Ihr heran?
Das war so guten Helden   bisher noch niemals getan!«

Kriemhilds teuflischer Plan

»Mein Harnisch wird kühl«, sagte Volker nach einer Weile, »die
Nacht dauert nicht mehr lang. Ich spür' es an der Luft, es wird bald
Tag.«
Als sie die schlafenden Nibelungen weckten, leuchtete der helle
Morgen in den Saal.
Glocken riefen zur Messe, Christen und Heiden gleichermaßen, wie
es Brauch war auf dem Vielvölkerhof des Königs Etzel.
Die Nibelungen wollten sich in festliche Gewänder kleiden, doch
Hagen rief grimmig: »Zieht Eure Rüstungen an, tragt Schwerter statt
Rosen, Helme statt verzierter Stirnreifen. Klagt dem mächtigen Gott
Eure Not und Eure Sorgen – und wisset, daß uns der Tod nahe ist.
Seid andächtig. Wenn Gott es nicht anders entscheidet, dann wird
das Eure letzte Messe sein.«
Bewaffnet wie zu einem Kriegszug schritten die Nibelungen zur
Kirche.

Die 1010 erbaute St.-Adalbert-Kathedrale auf dem Burgberg von
Gran war im Jahre 1188 abgebrannt. Wenn der Nibelungendichter
1189 während des 3. Kreuzzuges im Gefolge von Kaiser Friedrich
Barbarossa erstmals auf die Arpadenburg gekommen ist und sie
nicht von einer früheren Reise her schon gekannt hat, kann er von
der Kathedrale nur die verkohlten Trümmer gesehen haben. Möglich, daß ihn dieser Anblick zur Beschreibung des späteren Saalbrandes motiviert hat. Für die Schilderung des Kirchgangs jedenfalls ignorierte er die Ruine. In seinem Text steht das Gotteshaus
noch unversehrt wie früher.

Als die Nibelungen die Kathedrale betraten, zusammengeschart
und in voller Rüstung, kam Etzel auf sie zu. Kriemhild schritt an seiner Seite. »Warum sehe ich meine Freunde in Waffen?« fragte er.
»Hat Euch jemand bedroht? Hat Euch jemand gekränkt? Ich würde
sogleich für Eure Genugtuung sorgen.«
»Niemand hat uns etwas getan«, sprach Hagen, »es ist bei uns
daheim Brauch, auf Festen drei Tage lang bewaffnet zu gehn.«
Kriemhild wußte, daß die Burgunden einen solchen Brauch nicht
kannten. Sie blickte Hagen feindselig in die Augen und schwieg.
Nach dem Kirchgang trafen sich die Ritter auf dem Turnierplatz zwischen Burg und Kathedrale zu Kampfspielen. Nur Hunnen, Thüringer und Dänen traten gegen die Nibelungen an, denn Dietrich von
Bern und Rüdiger von Bechelaren verboten ihren Gefolgsleuten die
Teilnahme, um Neutralität zu zeigen und jeden Konflikt zu vermeiden. Die Lage schien ihnen schon angespannt genug.
Und tatsächlich kam es zum Konflikt: Volker erstach – wohl aus
Absicht – beim Turnier einen Hunnen, der lächerlich prächtig her-
ausgeputzt war und deshalb seinen Zorn geweckt hatte. Sogleich
drangen die Hunnen auf Volker ein. Die burgundischen Könige und
ihre Gefolgsleute sprengten herbei, um den Spielmann zu schützen.
Eine Schlacht auf dem Turnierplatz schien bevorzustehen – und
wurde im letzten Augenblick von König Etzel verhindert. Er stellte
sich vor die Angreifer und rief: »Laßt meine Gäste in Frieden! Es
wäre eine Schande für mich als Gastgeber, würdet Ihr diesen Spielmann auf meinem Hof erschlagen.« Um weiteren Zwist zu vermeiden, bat Etzel zum versöhnlichen Festmahl in seine Burg. Nibelungen und Hunnen, Dietrich von Bern und Rüdiger von Bechelaren
mit ihren Gefolgsleuten setzten sich an die Tafel.
Kriemhild sah nur noch eine Chance, Rache zu üben: Sie mußte
Hagen provozieren – zu einer Tat, so unheilvoll, daß selbst der zu
Frieden und Versöhnung neigende König Etzel seine Pflicht als
Gastgeber vergaß und den Angriff gegen die Nibelungen befahl. Ein
teuflischer Plan kam ihr in den Sinn:

Sie schritt zu Dietrich von Bern und versuchte, ihn für einen Überfall
auf die 9000 Knappen zu gewinnen, auf die jungen, kaum kampfer-
probten Männer, keiner über 18 Jahre alt, die zusammen mit Dankwart und 60 Recken in einer Herberge untergebracht waren. Dietrich
von Bern lehnte ab: »Laßt solche Bitten bleiben, mächtige Königin.«
Kriemhild wandte sich nun an Blödelin, Etzels Bruder, versprach
ihm Geld, Gold, Land und Burgen, eine Grenzmark und dazu die
schöne Witwe Nudungs – und erreichte mit solchen Versprechun-
gen, daß er heimlich starke Recken um sich scharte und die Herberge überfiel.
Unterdessen setzte sich Kriemhild an die Tafel neben König Etzel
und Hagen.

> Da nicht anders konnte   begonnen werden der Streit
> (Kriemhild lag im Herzen   begraben altes Leid),
> ließ sie zu Tische tragen   Ortlieb, Etzels Sohn.
> Wie konnte ein Weib aus Rache   wohl je entsetzlicher tun?

Nun war alles vorbereitet. Kriemhild brauchte nur noch auf die Botschaft vom Blutbad in der Herberge zu warten. Dann würde Hagen
ihrer Erwartung entsprechend reagieren. Es dauerte nicht lange:
Dankwart erschien an der Tür, »von Blute beronnen seine Rüstung«,
blankgezogen das Schwert. Über die Köpfe der tafelnden Gäste hinweg schrie er zu Hagen: »Bruder! Alle Ritter und Knappen in der Herberge sind totgeschlagen!«
Hagen sprang auf. »Wer hat das getan?«
»Blödelin und seine Gefolgsleute. Doch sie haben gebüßt, sie sind
alle tot. Das Blut an meiner Rüstung stammt von den Wunden der
Feinde. Ich bin unverletzt.«
»Sichert die Tür und die Stiege, Dankwart, laßt keinen hinaus.«
Hagen blickte auf Kriemhild, blickte auf das Kind und rief: »Ich
habe vernommen, die Königin könne ihr Herzeleid nicht verwin-

den. Nun, so laßt uns denn zum Gedächtnis Siegfrieds trinken.« Er
zog – Kriemhilds grausigem Plan entsprechend – das Schwert
und...

> Da erschlug Hagen   den jungen Ortlieb sodann,
> daß vom Schwerte nieder   das Blut zur Hand ihm rann
> und das Haupt des Kindes   der Königin sprang in den Schoß.
> Da erhob sich unter Recken   ein Morden, grimmig und groß.

»Hört Ihr die Töne, die Volker dorten fiedelt?«

»Schwerter klangen, Helme klirrten.« Hagen hatte seinen Schild auf
den Rücken geworfen und focht ungeschützt mit den Feinden. Volker sprang vom Tisch auf, griff zum Schwert und begann, »auf
ungewohnte Weise zu fiedeln«. Er schlug sich zu Dankwart durch,
der an der Tür nach zwei Seiten kämpfte, gegen Flüchtende und
Eindringlinge. Keiner kam hinaus, keiner herein. Der Saal schien zu
bersten.
Kriemhild, in eine Ecke gedrängt, erblickte Dietrich von Bern: »Fürst
aller Tugenden«, rief sie, »rettet mein Leben, wenn Hagen mich
erreicht, hat mich der Tod an der Hand.«
Dietrich von Bern sprang auf einen Tisch und schrie über das
Getümmel hinweg, mit einer Stimme, »die wie das Horn eines
Wisents erklang und die Burg widerhallen ließ«.
Die Kämpfer hörten seinen Ruf, verstanden seine Worte nicht, lie-
ßen aber die Waffen sinken.
»Laßt mich mit meinem Gefolge ziehn«, war Dietrich von Bern nun
zu vernehmen, »gewährt mir Frieden!«
Auch Rüdiger von Bechelaren verlangte für sich und seine Mannen
freien Abzug. »Unter guten Freunden«, argumentierte er, »soll man
steten Frieden bewahren.«
Dietrich und Rüdiger durften mit ihrem Gefolge gehn, alle Hunnenrecken mußten bleiben.

Dietrich von Bern legte seine Arme um Kriemhild und König Etzel
und geleitete sie hinaus.
Etzel drehte sich draußen um und sah Volker an der Tür stehn:

»Ach weh des Hofgelages«,   sprach der König hehr,
»da drinn' ficht einer,   der heißet Volker,
wie ein wilder Eber   und ist ein Spielmann.
Ich dank' es meinem Heile,   daß ich dem Teufel entrann.

Seine Weisen klingen schrecklich,   sein Bogenstrich ist rot.
Mir schlagen seine Töne   manchen Recken tot.
Ich weiß nicht, was er vorwirft,   dieser Spielmann,
in keinem Leben nie   ich solch argen Gast gewann.«

Kaum war der Abzug gewährt, schwoll in der Etzelburg der Kampf-
lärm von neuem an. Besonders tat sich Volker hervor, dessen
Schwertstreiche so gewaltig waren, daß sie König Gunther auffielen:

Nach dem Schalle blickte   Gunther, der König hehr:
»Hört Ihr die Töne, Hagen,   die dorten Volker
mit den Hunnen fiedelt,   wenn wer zur Türe trat!
Es ist ein roter Anstrich,   den er am Fiedelbogen hat.«

»Es reut mich ohne Maßen«,   sprach Hagen entgegen,
»daß ich je bess'ren Sitz gehabt   als dieser Degen.
Ich war sein Geselle,   er der Geselle mein,
und kehren wir je wieder heim,   dann wollen wir's in Treuen
[sein.

Nun schau, hehrer König: Volker ist Dir hold.
So verdient er wohl   Dein Silber und Dein Gold!
Sein Fiedelbogen schneidet   durch den harten Stahl.
Er schlägt von ihren Köpfen   die Helmzierden zu Tal.

Ich sah nie Fiedelspieler   noch so herrlich stehn,
wie ich den Degen Volker   an diesem Tag gesehn.
Seine Weisen hallen   durch Helm und Schildesrand.
Gute Rosse soll er reiten   und tragen herrliches Gewand.«

So viel der Hunnenrecken   auch waren in dem Saal,
nicht einer blieb am Leben   von ihnen allzumal.
Da war der Schall beschwichtigt,   beendet war der Streit.
Die kühnen Recken legten   da ihre Schwerter beiseit'.

7000 Hunnen waren es, die im Kampfe gefallen waren und danach
aus den Fenstern geworfen wurden. – Wieder eine unrealistische
Übertreibung, die sich weder auf das Bühnenbild der Arpadenburg
noch sonst auf eine mittelalterliche Burg beziehen konnte.

Hagens Bemerkung über Volker oben in der zweiten Strophe – »Es
reut mich ohne Maßen, daß ich je bess'ren Sitz gehabt als dieser
Degen« – ist mit höfischer Etikette erklärbar: Besserer Sitz an der
Tafel bedeutete höhere Rangordnung. Volker hatte also früher nicht
zum Kreis der engsten Gefolgsleute gehört und mußte sich seinen
»bess'ren Sitz« erst erkämpfen.
Es ist nicht zu übersehen, daß der Dichter ihn bei diesem Aufstieg
protegiert. Er bietet dem Spielmann immer ruhmreichere Rollen an:
erst als Waffengefährte Hagens, dann als Hauptfigur der nächtlichen
Schildwacht, schließlich als Held des Saalkampfes.

Zwei widersprüchliche Strophen

Nach der Schlacht ist es wieder Volker, der, während die Nibelungen
rasten, zusammen mit Hagen die Tür behütet. Auf ihre Schilde
gelehnt, blickten sie zu König Etzel, Kriemhild und den Hunnen auf
dem Turnierhof.
Ein Hunne schleuderte einen Speer gegen die beiden. Volker ergriff

den Speer und warf ihn weit über die Burg hinaus. Erschreckt von
der Gewalt dieses Wurfes wichen die Angreifer zurück.
Hagen faßte Etzel ins Auge und schmähte ihn für seine Flucht aus
dem Kampfgetümmel vorhin im Saal:

>Es stünde«, sprach Hagen   »einem Schutzherrn recht gut
[an,
wenn er wohl fechten würde   all seinen Helden voran,
wie von meinen Herren   hier ein jeder tut.
Die hauen durch die Helme,   daß von den Schwertern fließt
[das Blut.«

Etzel geriet in Wut und wollte zu den beiden emporstürmen, doch
ließ er sich von seinen Hunnen zurückhalten.

»Recht fern ist die Verwandtschaft«,   sprach Hagen gleich zur
[Hand,
»die Dich, König Etzel,   mit Siegfried verband.
Er minnte Kriemhilden,   eh sie gesehen Dich!
Feiger König Etzel,   warum sinnst Du Böses wider mich?«

»Wer Hagen von Tronje erschlägt und mir seinen Kopf bringt«,
schrie Kriemhild den Hunnen zu, »dem fülle ich Etzels Schild mit
rotem Gold. Auch gebe ich ihm Burgen und Ländereien!« Sie
blickte auf die Gefolgsleute. Keiner rührte sich.
»Schimpf und Schande über Euch«, sagte Volker. »Ihr eßt des
Königs Brot, und nun laßt Ihr ihn im Stich.«
Da meldete sich Markgraf Iring, Lehnsmann des dänischen Fürsten
Hawart, der als Verbannter an Etzels Hof lebte. »Bringt mir die Waffen. Ich will Hagen bestehn.« Er lehnte die Unterstützung von tausend dänischen Recken ab und griff an. Nach Zweikämpfen mit
Hagen, Volker, Gunther, Gernot und Giselher brach er bewußtlos
zusammen. Doch dann »wich das Schwirren aus seinem Haupte, er

sprang tobend aus dem Blut«, fiel über Hagen her, brachte ihm mehrere Wunden bei und rannte, von Speerwürfen verfolgt, im Schutz seines Schildes zu den Hunnen zurück.

»Du hast mein Herz getröstet«, empfing ihn Kriemhild, »denn ich sehe Hagen rot von seinem eigenen Blut.« Sie nahm ihm den Schild aus der Hand.

Iring rief nach neuen Waffen. Einen zweiten Angriff gegen Hagen büßte er mit dem Leben.

Dänen und Thüringer wollten ihn rächen, doch alle wurden sie erschlagen.

Gegen Abend stürmten auf Befehl Etzels und Kriemhilds 20 000 Hunnen die Burg. Wenige nur überlebten. Sie zogen sich bei Einbruch der Dunkelheit zurück.

Nachts traten die drei Burgundenkönige vor die Burg, blutrot in ihren Rüstungen. Sie begehrten Frieden von König Etzel – vergeblich. Gernot bat, wenigstens im Freien weiterkämpfen zu dürfen. Fast wären die gegnerischen Recken schon einverstanden gewesen – da schaltete Kriemhild sich ein, lehnte ab und machte einen Gegenvorschlag:

>»Wollt Ihr mir Hagen   allein als Geisel geben,
> so will ich's nicht verweigern,   daß ich Euch lasse leben.
> Denn meine Brüder seid ihr,   derselben Mutter Kind.
> Dann spreche ich von Sühne   mit den Recken, die bei mir
> [sind.«

>»Verhüt das Gott im Himmel«,   sprach da Gernot,
>»und wär'n wir tausend Brüder,   wir wollen alle tot
> vor Deinen Recken liegen,   eh wir Dir einen Mann
> hier als Geisel geben.   Das wird nimmermehr getan!«

»Treibt sie zurück«, rief da Kriemhild, »umstellt die Burg, zündet den Saal an vier Ecken an!«

Gleich darauf schlugen Flammen aus dem Haus, aufgewühlt vom Nachtwind. Geschrei erscholl aus dem Saal.

Da sprach von Tronjes Hagen: »Stellt Euch an die Wand,
laßt nicht die Brände fallen auf Eurer Helme Band
und tretet sie mit Füßen tiefer in das Blut.
Es ist ein übel' Hofgelag, zu dem die Königin uns lud.«

Dieser Strophe nach hat man sich einen Saal mit Steinwänden und brennender Balkendecke vorzustellen. »Dieses bricht nach innen ein, so daß an den Wänden der sicherste Platz ist.« (de Boor, *Das Nibelungenlied*)
In einer weiteren Strophe der Handschrift C heißt es aber dann:

Daß der Saal gewölbet war, half den Gästen sehr.
Dadurch blieben ihrer am Leben um so mehr,
wiewohl sie an den Fenstern vom Feuer litten Not.
So wehrten sich die Degen, wie Mut und Ehre es gebot.

Dieser Strophe nach hat man sich nun einen Saal mit einer gewölbten Decke aus Stein vorzustellen.
Ein seltsamer Widerspruch, der sich vielleicht so erklären läßt: Wie schon erwähnt, haben wahrscheinlich die verkohlten Trümmer der St.-Adalbert-Kathedrale – 1010 erbaut, sicherlich mit Steinwänden und Balkendecken versehen – die dichterische Phantasie vom Saalbrand entzündet. Der Saal im Arpadenpalast aber war aus Stein »gewölbet« und konnte gar nicht brennen. Die erste Strophe würde sich demnach auf die echte Brandstelle beziehen, die zweite auf den Saal. Der Dichter hätte, modern gesagt, gleichsam zwei Dias übereinandergeschoben. Mit Gewißheit wird man den Widerspruch wohl nie klären können.
Während des Saalbrandes tranken die Nibelungen auf Hagens

wohlmeinenden Ratschlag hin das Blut der Gefallenen. 600 überlebten die Nacht, immer noch genügend, um den im Morgengrauen
angreifenden Rest der 1200 Hunnen zu erschlagen.

Rüdigers Gewissensnot

Rüdiger von Bechelaren, der »Vater aller Tugenden«, König Etzels
mächtigster Vasall, stand auf dem Turnierhof und weinte »über das
bittere Leid«, das er hier mit ansehen mußte.
Kriemhild trat auf ihn zu. Sie erinnerte Rüdiger an den Treu-Eid, den
er ihr einst in Worms als Brautwerber König Etzels geschworen
hatte:

>»Ich mahn' Euch nun der Treue, die mir schwur Eure Hand,
>da Ihr mir zu Etzel rietet, Ritter auserkannt,
>daß Ihr mir dienen wollet bis an unseren Tod.
>Des war mir armem Weibe noch niemals so bitter Not.«

>»Das kann ich nicht leugnen. Ich schwur Euch, Königin,
>die Ehre wie das Leben gäb' ich für Euch dahin.
>Die Seele zu verlieren, das hab' ich nicht geschworen.
>Zu diesem Hofgelage brachte ich den Fürsten
>[wohlgeboren.«

Für Rüdiger war es aus sittlich-moralischen Gründen unmöglich,
die Burgunden – seine Freunde – anzugreifen. Sie standen in seinem Schutz, denn er hatte ihnen das Geleit zum Etzelhof gegeben;
er war ihnen familiär verbunden durch das Verlöbnis seiner Tochter
mit König Giselher; er hatte damals als Mitgift seine »immerwäh-
rende Treue« versprochen; er fühlte sich den Burgunden verpflichtet, denn sie hatten ihm und seinen Gefolgsleuten nach Ortliebs Tod
den unter Berufung auf »steten Frieden« geforderten freien Abzug
gewährt. Es wäre Treuebruch, Freundschaftsbruch, Verstoß gegen

familiäre Bindungen – er würde seine »Seele verlieren« –, müßte er die Burgunden angreifen.

Doch Kriemhild beharrte darauf, daß Rüdiger ihr Leid zu rächen habe. König Etzel forderte ebenfalls den Angriff gegen die Burgunden und erinnerte Rüdiger an seine Gefolgsmannpflicht – an die lehnsrechtliche Bindung. König und Königin warfen sich ihrem Vasallen sogar zu Füßen.

Rüdiger geriet nun in eine juristisch-moralische Zwickmühle. Denn als Gefolgsmann war er in der Tat dem Befehl König Etzels unterworfen und durch den Treu-Eid gegenüber Kriemhild verpflichtet.

Verzweifelt versuchte Rüdiger, durch die Rückgabe seines Lehens in Bechelaren sich der Gefolgsmannpflicht zu entledigen und dem Gewissenskonflikt zu entgehen. Etzel lehnte jedoch ab und versprach ihm noch mehr Ländereien und Burgen, sogar die Königswürde. Für Rüdiger gab es keinen Ausweg aus moralischer und juristischer Pflicht.

> »O weh mir Gottverlassenem,   muß ich den Tag erleben!
> All meiner Ehren   soll ich mich nun begeben,
> aller Zucht und Treue,   die Gott mir gebot.
> O weh, Herr des Himmels,   daß mir's nicht wendet der Tod.
>
> Werd' ich das eine   oder das andere begehn,
> so ist's doch immer übel   und arg von mir geschehn.
> Was ich tu und lasse,   so schilt mich alle Welt.
> Nun möge mich erleuchten,   der mich dem Leben gesellt.«

Rüdiger von Bechelaren entschied sich für den Kampf.

Bestimmend war für ihn neben seiner lehnsrechtlichen Bindung an Etzel wohl in erster Linie auch, daß er in dieser unlösbaren Problemstellung zwischen Angriff und Unterlassung letztlich die Tat – und den Tod als Ausweg sah. Er wußte, daß er sterben würde, er wollte

auch sterben. »So befehl' ich Euch«, sagte er zu Etzel und Kriem-
hild, »auf Gnade mein Weib und mein Kind und all die Heimatlosen,
die da zu Bechelaren sind.«
Bewaffnet schritt er an der Spitze seiner 500 Gefolgsleute auf die
Burg zu. Er setzte seinen Schild auf den Boden und rief in den Saal:
»Ihr kühnen Nibelungen. Wehrt Euch! Wir waren Freunde – nun
muß ich der Freundschaft ledig sein!«
»Gott im Himmel möge das verhüten«, sagte König Gunther.
»Ich muß mit Euch kämpfen, ich habe es gelobt. Setzt Euch zur
Wehr!«
»Ihr habt uns Geleit in dieses Land gegeben, edler Rüdiger, wir wur-
den von Euch beschenkt«, erinnerte König Gunther.
»Laßt ab, edler Rüdiger«, sagte Gernot. »Seht dieses Schwert, das
ich in der Hand trage. Es ist ein Geschenk von Euch. Es hat mich in
dieser Kampfesnot nie im Stich gelassen. Niemals wurde einem
Recken ein so kostbares Schwert geschenkt. Aber wenn Ihr meine
Freunde erschlagt, dann, Rüdiger, nehm' ich Euch mit diesem
Schwert das Leben.«
»Wollte Gott, Gernot, daß es so kommt und daß Eure Freunde am
Leben bleiben. Meine Tochter und Gemahlin könnte ich Euch wohl
anvertrauen.«
»Wir sind Euch alle gewogen, Herr Rüdiger«, sagte Giselher, »aber
Ihr habt Furchtbares vor. Ihr wollt Eure schöne Tochter früh zur
Witwe machen. Ich habe Euch mehr als allen anderen Menschen
vertraut!«
»Denkt an Eure Treue, wenn Gott Euch lebend von hinnen läßt,
Giselher, und laßt meine Tochter nicht büßen für das, was ich hier
tun muß.«

> »So will ich's billig halten«,   sprach der junge Giselher,
> »wenn aber einer von uns,   der hier im Saale wär',
> von Eurer Hand ersterbe,   so muß zerschnitten sein
> die stet' Freundschaft   zu Dir und der Tochter Dein.«

Die Freundschaft war aufgekündigt, die Treue zerbrochen, »die
Seele verloren«. Rüdiger standen schmachvoller Kampf und uneh-
renhafter Tod bevor. Er befahl sich Gott, hob Schild und Schwert –
doch da rief Hagen: »Haltet ein!«

Rüdigers Tod

Er schritt zu Rüdiger, an der Hand den Schild, den er einst in Bechelaren von Gotelind als Geschenk erhalten hatte: den Schild von
Rüdigers totem Sohn Nudung.

»Ich steh' in großen Sorgen«,   sprach von Tronje Hagen,
»der Schild, den Frau Gotelind   mir gab zu tragen,
den haben mir die Hunnen   zerhauen vor der Hand.
Ich bracht' ihn doch in Treuen   her in König Etzels Land.

Daß es Gott vom Himmel   mir vergönnen wollt',
daß ich so guten Schild   noch tragen sollt',
als Du hast vor den Händen,   vieledler Rüdiger.
So bedürfte ich im Kampfe   keines andern Schutzes mehr.«

Rüdiger, von Hagen freundschaftlich mit Du angesprochen, war
bereit, die Schilde zu tauschen:

»Wie gern wollt' ich Dir dienen   mit meinem Schild,
dürft' ich ihn Dir geben   vor Kriemhild.
Doch nimm Du ihn hin, Hagen,   und trag ihn an der Hand.
Hei! Könntest Du ihn tragen   heim in der Burgunden Land!«

Hagen brauchte Rüdigers Schild gar nicht! Es lagen ja genügend
Schilde von erschlagenen Recken herum, die er hätte aufheben
können. Seine Bitte um den Schild hatte einen ganz anderen Sinn:
Sie war die Bitte um einen Freundesdienst – und damit eine Ehren-

erklärung, eine Geste der Versöhnung, ein demonstratives Freund-schaftsbekenntnis zu Rüdiger. Denn einen Freundesdienst konnte Hagen nur von einem Mann fordern, den er auch in dieser Phase der Feindseligkeiten noch als Freund betrachtete; und er gab Rüdiger die Chance, als Freund sich zu erweisen. »Hagen hat also das Unmögliche möglich gemacht: den Feindeskampf zu akzeptieren und die Freundestreue zu halten, im Feindeskampf die Freundes-treue zu bestätigen.« (Wapnewski, *Rüdigers Schild*) Die anderen Recken verstanden Hagens Geste:

> Als Rüdiger den Schild   zu geben sich erbot,
> die Augen wurden vielen   von heißen Tränen rot.
> Es war die letzte Gabe.   Es konnte fortan nimmermehr
> eine Gabe bieten   von Bechelaren Rüdiger.

»Nun lohn' Euch Gott im Himmel diese Gabe, vieledler Rüdiger«, sprach Hagen, »noch nie hat man von einem solchen Geschenk gehört. Zum Dank werde ich nicht gegen Euch kämpfen, und solltet Ihr alle Recken aus dem Burgundenland erschlagen.«

Volker, der Spielmann, berief sich auf seine Waffenbruderschaft mit Hagen und sagte ebenfalls Frieden zu.

Beide traten von Rüdiger zurück. Die Schlacht begann.

Der Markgraf aus Bechelaren schlug sich sogleich eine Schneise zwischen burgundische Recken in den Saal hinein.

Gernot war es, der den Zweikampf mit Rüdiger suchte: »Blickt hier-her, edler, tapferer Mann, wendet Euch mir zu!« Im Kampfgetüm-mel, über niederstürzende und tote Recken hinweg bahnten sie sich den Weg zueinander, bis sie sich gegenüberstanden: Rüdiger mit dem zerschundenen Schild seines toten Sohnes, Gernot mit dem Schwert, das ihm Rüdigers Gemahlin geschenkt hatte. »Für diese Gabe«, rief Gernot, »zahle ich Euch den höchsten Preis.« Sein Schwert schnitt durch Rüdigers Schild, spaltete den Helm – und der sterbende Markgraf erschlug Gernot, den König der Burgunden.

Fürchterlich nahmen die Nibelungen nun Rache. Als der Schlacht-
lärm verhallte, war von Rüdigers Gefolge niemand mehr am Leben.
Die meisten Recken aus dem Burgundenland sah man danach im
Saal sitzen oder an der Wand lehnen. Fünf Männer aber schritten
über die Toten hinweg:

Gunther und Hagen   und auch Giselher,
Dankwart und Volker,   die guten Degen hehr,
sie suchten, bis man   Rüdiger und Gernot fand.
Wie sie da weinten,   die Helden auserkannt!

Etzel und Kriemhild warteten auf dem Turnierplatz draußen. Von der
Stille beunruhigt, befürchteten sie verräterische Verhandlungen
Rüdigers mit den Nibelungen.

»Schande über solche Pflicht«,   sprach die Königin.
»Sie sprechen allzulange.   Unsre Feinde drin
bleiben wohl am Leben   von Rüdigers Hand.
Er will sie wieder heimführen   in der Burgunden Land.«

Volker, der inzwischen an die Tür getreten war, hörte ihre Worte:
»Dürfte ich es wagen, eine edle Königin der Lüge zu bezichtigen, so
würde ich sagen: Ihr habt teuflisch gelogen über Rüdiger! Er hat den
Befehl des Königs so treu erfüllt, daß er und seine Männer alle totgeschlagen sind im Saal. Wenn Ihr es nicht glaubt, dann wird man es
Euch beweisen.« Und die Nibelungen zeigten den Beweis: Sie trugen Rüdigers Leiche vor den Saal.

Zweikämpfe

Dietrich von Bern vernahm vom Tode Rüdigers und entsandte seinen alten Waffenmeister Hildebrand zu den Nibelungen, um die
Nachricht bestätigen zu lassen. Hildebrand hatte Auftrag, jede Aus-

einandersetzung zu vermeiden, ließ sich aber von seinem Neffen
Wolfhart aufstacheln, bewaffnet und in Begleitung aller Gefolgsleute
Dietrichs zum Saal zu gehen.
Vor dem Tor verlangten sie Rüdigers Leiche. Dabei erhitzten sich im
Wortstreit der Spielmann Volker und Wolfhart.
Wolfhart, aufs äußerste gereizt, stürmte in den Saal, gefolgt von Hil-
debrand und den anderen Recken.

> Da drangen zu dem Streite,   die in Dietrichs Lehn.
> Sie schlugen, daß die Splitter   sich wirbelnd mußten drehn
> und man der Schwerter Spitzen   in die Höhe fliegen sah.
> Sie holten aus den Helmen   die fließenden Bäche da.

Hildebrand sprang zu Hagen, Wolfhart zu Volker, »ihre Schwerter
hörte man erklingen, feuerrote Funkenwirbel stoben aus den Rin-
gen«, doch im Gewühl des Kampfes wurden sie wieder getrennt.
Beide wandten sich sogleich anderen Gegnern zu. Der Spielmann
griff Herzog Sigestab an, den Neffen Dietrichs von Bern, »und zeigte
ihm seine Künste«, bis der Gegner tot zu Boden sank. Hildebrand
sah Sigestab sterben und erschlug, grimmig wie noch nie, den edlen
Volker.

> Nun sah von Tronje Hagen   Volker, den Degen, tot.
> Das war ihm auf dem Hofgelag'   die allergrößte Not,
> die er erlitten hatte   an Freund und Untertan!
> O weh, wie grimmig Hagen   den Freund zu rächen begann.

Er wollte sich auf Hildebrand stürzen, verlor ihn aber aus den Augen
und schlug in allen Richtungen die Gegner nieder.
Dankwart kämpfte mit Helferich, einem tapferen Recken Dietrichs,
und wurde erschlagen.
Wolfhart »wandte sich zu Giselher im Streit«, und beide starben
gleichzeitig, »einer von des anderen Hand gefällt«.

Hildebrand ging zu Wolfhart und bückte sich nieder. Außer ihm
waren nur noch Gunther und Hagen am Leben. Alle Gefolgsleute
der Burgunden und Dietrichs lagen erschlagen im Blut.
Hagen wollte Volker rächen und forderte den alten Hildebrand zum
Zweikampf.

Er schlug auf Hildebrand,   daß man wohl vernahm,
wie Balmung erklang: Das Schwert, das Hagen nahm,
als er einst Siegfried,   den kühnen Held, erschlug.
Da wehrte sich der Alte,   er war auch tapfer genug.

Den Schwertschlägen Hagens war Hildebrand nicht lange gewach-
sen. Er flüchtete, »von Blut beronnen«, aus dem Saal und suchte
Dietrich, dem er vom Tode aller Gefolgsleute berichtete.
Dietrich von Bern rüstete sich und schritt mit Hildebrand vor den
Saal zu den beiden überlebenden Nibelungen.
»Ergib Dich als Geisel«, rief er zu König Gunther, »Du und Dein
Gefolgsmann Hagen. Ich gebe Euch beiden Wort und Handschlag,
daß ich Euch unversehrt ins Burgundenland zurückbringe.«
Hagen war es, der antwortete: »Gott im Himmel möge verhüten, daß
ich mich ergebe. Es wäre ehrlos für uns beide! Ich bin noch in vollen
Waffen.«
»Willst Du, Hagen, mit mir alleine kämpfen! Wollen wir beide uns
messen?«
»Ich werde es versuchen, es sei denn, daß mir mein Nibelungen-
schwert zerbirst.«
Beide rissen ihre Schilde hoch. Gefährlich waren die Hiebe Hagens,
doch Dietrich schlug listig zurück und gewann die Oberhand.
Es wäre keine Ehre, dachte Dietrich von Bern, wenn ich Hagen,
geschwächt wie er ist nach langen Kämpfen, jetzt töten würde. Er
ließ den Schild fallen, rang Hagen nieder und brachte ihn gefesselt
zu Kriemhild, die so erfreut war, daß sie sich verneigte: »Mögen Dir,
edler Dietrich, Herz und Sinn immer beglückt sein. Du hast mir

Genugtuung geleistet für alle meine Not. Dafür werde ich Dir immer verpflichtet sein, bis zu meinem Tod.«
»Laßt Hagen am Leben, edle Königin. Er steht gefesselt vor Euch. Er wird Genugtuung leisten, aber er darf nicht mit dem Leben büßen!«
Kriemhild sprach kein Wort mehr und ließ Hagen in ein Verlies werfen.
Gunther indessen, im Saal zurückgeblieben, forderte Dietrich von Bern zum Zweikampf.
Sie kämpften, »daß von ihren Schlägen Palast und Turm erschollen«. Doch so sehr Gunther sich auch wehrte, aus seinem Harnisch quoll das Blut, und schließlich war er so erschöpft, daß er von Dietrich gefangengenommen und gefesselt zu Kriemhild gebracht wurde.
Sie entbot kühlen Gruß: »Willkommen, Gunther aus dem Burgundenland.«
»Ich würde mich verneigen, teure Schwester, wenn Euer Gruß gnädig gemeint wäre.«
»Gemahlin des Königs«, ermahnte sie Dietrich, »niemals wurden so vortreffliche Ritter als Geisel übergeben wie diese beiden Männer. Ich habe sie Euch ausgeliefert – und nun sollt Ihr sie meinetwillen am Leben lassen.«
»Ich will es gerne tun«, versprach Kriemhild. Sie ließ Gunther ebenfalls ins Verlies werfen, in ein eigenes Gemach, abgesondert von Hagen.

»Das ist der Nibelunge Not«

Zwei kämpfende Recken, Schild und Schwert erhoben, sind heute noch auf der Arpadenburg zu sehen: als Skulptur in der Königskapelle aus dem Stein einer Säule herausgehauen.
Die verführerische Überlegung, es könnte einen Bezug zum Nibelungenlied geben, läßt sich freilich nicht bestätigen. Unwahrschein-

lich ist wohl die gelegentlich geäußerte Vermutung, ein Bildhauer
hätte die Szene nach dem Nibelungenlied gestaltet – gewissermaßen als Illustration der Kämpfe. Denkbar wäre allenfalls, daß die
Skulptur den Nibelungendichter inspiriert hat. Zweikämpfe gab es ja
genug auf der Etzelburg: Rüdiger und Gernot, Wolfhart und Volker,
Volker und Sigestab, Hildebrand und Volker, Dankwart und Helferich, Wolfhart und Giselher, Hildebrand und Hagen, Hagen und Dietrich, Dietrich und Gunther.
Die Assoziation zum Nibelungenlied drängt sich auch auf, wenn
man, ebenfalls in der Königskapelle, zwei aus dem Stein herausmo-
dellierte Köpfe sieht, beide in natürlicher Größe, einer mit Bart, der
andere mit glattem Kinn. Sicherlich stellen sie Könige der Arpaden
dar. Es ist aber – bei aller Skepsis – nicht völlig ausgeschlossen, was
von einigen Forschern vermutet wird: daß die beiden Kopfskulptu-
ren dem Dichter die Idee zur Schlußszene gegeben haben.

> Hin ging die Königin,   wo sie Hagen sah.
> Wie feindlich sprach sie   zu dem Helden da:
> »Wollt Ihr mir wiedergeben,   was Ihr mir habt genommen,
> so mögt Ihr wohl noch lebend   heim zu den Burgunden
>   [kommen.«

> Da sprach der grimme Hagen: »Die Rede ist verloren,
> vieledle Königin.   Den Eid hab' ich geschworen,
> daß ich den Hort nicht zeige,   solange noch am Leben
> blieb einer meiner Herren.   Solange wird er niemand
>   [gegeben!«

> »Ich bin wohl jetzt am Ziele«,   sprach das edle Weib.
> Dem Bruder nehmen ließ sie   Leben da und Leib.
> Man schlug das Haupt ihm nieder.   Bei den Haaren sie es
>   [trug
> vor den Held von Tronje.   Da gewann er Leids genug.

Hagen blickte schmerzerfüllt auf seines Herrn Haupt. »Du hast dein Ziel erreicht, Königin, ganz nach deinem Wunsch. Es ist so gekommen, wie ich es mir gedacht habe.« Dann sprach er weiter:

>»Nun ist von Burgunden   der edle König tot,
>auch Giselher, der junge,   dazu Herr Gernot.
>Den Hort weiß nun niemand   als Gott und ich allein.
>Der soll Dir, Teufelsweibe,   für immer verhohlen sein.«

Da rief Kriemhild: »So bleibt mir wohl nur noch eines, das ich behalten kann. Siegfrieds Schwert!« Hagen – gefesselt – trug es immer noch am Gürtel.

>Sie zog das Schwert,   er konnte es nicht wehren.
>Da dachte sie dem Recken   das Leben zu versehren.
>Sie schwang es mit den Händen.   Das Haupt schlug sie ihm
>   [ab.
>Das sah der König Etzel,   dem es großen Kummer gab.

Da griff der alte Hildebrand zu seinem Schwert: »Was mir auch geschehen mag, so sehr mich Hagen auch in Angst und Not gebracht hat: Ich werde rächen des tapferen Tronjers Tod!« Kriemhild schrie gellend. Hildebrand schwang das Schwert und erschlug die Königin.

>Die da sterben sollten,   die lagen all umher.
>Zu Stücken lag verhauen   die Königin hehr.
>Dietrich und Etzel   hoben zu weinen an.
>Sie beklagten innig   manchen Freund und Untertan.

>Die ehrenvollen Helden   lagen da im Tod,
>die Leute hatten alle   Jammer und Not.

Mit Leid war beendet   des Königs Festlichkeit,
wie ja stets am Ende   Freude gelohnt wird mit Leid.

Ich kann Euch nicht berichten,   was danach geschah,
als daß Ritter und Frauen   weinen man da sah,
dazu die edlen Knappen   um lieber Freunde Tod.
Hier hat die Mär ein Ende.   Das ist der Nibelunge Not.

Spuren und Indizien
Der Dichter aus dem Donauland

Konrad, der Österreicher

Wer die Spur des Nibelungendichters verfolgen will, muß vor allem in seinem Werk nach versteckten Hinweisen suchen.
Das Nibelungenlied – eine Detektivstory. Whodunit? Wer war's? Wer hat's geschrieben?
Daß der Dichter Österreicher war, ist bestehende Lehrmeinung. Dafür sprechen seine genauen Ortskenntnisse der österreichischen Donaulandschaft und seine offenkundigen Beziehungen zu Herzog Leopold dem Glorreichen in Wien. Auf diese beiden Argumente komme ich noch zurück. Zusätzliche Bestätigungen seines Österreichertums wurden gewonnen durch philologische Untersuchungen des Nibelungenliedes und versteckte Anspielungen auf österreichisch-bayerische Grenzverhältnisse, die im einzelnen anzuführen zu umständlich wäre und vom Thema zu weit ablenken würden.
Der Nibelungendichter hieß aller Wahrscheinlichkeit nach Konrad. Zwar ist diese Information nicht im Nibelungenlied selbst enthalten, sondern in der Klage, die dazugehört wie der Lotsenfisch zum Hai, auch wenn sie sicherlich von einem anderen Verfasser stammt.
In der Klage also heißt es, daß Bischof Pilgrim aus Passau einen Schreiber – Meister Kuonrat (Konrad) – das Nibelungenlied hat niederschreiben lassen. Mit Pilgrim ist, wie schon erwähnt, laut bestehender Lehrmeinung der Passauer Bischof Wolfger gemeint. Demnach läßt sich die Textstelle in der Klage so verstehen, daß Wolfger es war, der den Auftrag gab. Der Name Konrad ist allerdings nur in der Klage überliefert. Andere Hinweise haben wir nicht.
Der Germanist und Universitätsprofessor Dietrich Kralik hat sich mit diesem speziellen Thema genau befaßt und kommt zu der Überzeugung: »Daß der Dichter des Nibelungenliedes ... Konrad hieß und

zur Zeit des Bischofs Wolfger in Passau diese Dichtung geschaffen hat, kann ich doch ... mit gutem Gewissen nicht nur als sehr wohl möglich, sondern als höchst wahrscheinlich bezeichnen.« (Kralik, *Wer war der Dichter des Nibelungenliedes?*)

Die Auffassung, daß der Dichter – wie in der Klage überliefert – am Passauer Hof Bischof Wolfgers das Nibelungenlied schrieb, läßt sich zusätzlich durch Indizien stützen:

In Passau gab es ein bischöfliches Archiv, in dem Sagen, Chroniken und Legenden gesammelt wurden, möglicherweise auch dichterische Vorstufen. Der Dichter könnte also einen Teil seiner literarischen Vorlagen aus dem Passauer Archiv bezogen haben.

Passau wird im Nibelungenlied auffallend oft erwähnt, immer als gastfreundliche Reisestation.

Die wohlwollende Darstellung des Passauer Bischofs Pilgrim deutet, wie schon gesagt, auf Abhängigkeit von Bischof Wolfger hin. Einige Forscher glauben, daraus sogar schließen zu dürfen, daß der Dichter ein Geistlicher war. Tatsächlich sind im Nibelungenlied einige Spuren sogenannter »Kirchlichkeit« zu finden: Szenen im Wormser Münster, Hagens Ermahnung zu andachtsvollem Kirchgang, die mehrfache Anrufung Gottes und dergleichen. Doch sie lassen allenfalls auf eine gewisse Neigung zu religiöser Dichtung schließen. Im Vergleich zum ritterlichen, höfischen, germanisch-mythischen und teils sogar burlesken Charakter des Nibelungenliedes sind sie so gering, daß nach allgemeiner Auffassung der geistliche Berufsstand des Dichters auszuschließen ist.

Dichter mit sozialer Sicherheit

Was aber ist dann unter dem »Schreiber« zu verstehen, der Konrad geheißen hat?

Keinesfalls doch ein Kanzleischreiber im üblichen Sinn, der bischöflichen Bürokram erledigte, sondern ein Berufsdichter, der am Hofe des Kunstmäzens Wolfger – modern ausgedrückt – die soziale

Sicherheit einer festen Anstellung genoß. Denn: daß der Nibelungendichter ein Dichter war, steht wohl außer Zweifel.

Diese Feststellung scheint überflüssig, muß aber ausgesprochen werden, da vereinzelte Forscher den Nibelungendichter als Kanzleischreiber qualifizieren, der auf Grund eines bischöflichen Auftrags – Befehl ist Befehl – eben mal das Nibelungenlied schrieb.

Das bedeutendste Heldenepos des Mittelalters schreibt man nicht aus dem Stand, ohne Erfahrung und geschultes Talent!

Einen solchen Auftrag erteilt ein Kunstmäzen keinem Amateur, sondern einem Profi, »einem ihm als Dichter bereits bekannten Mann«, der »gewiß schon Proben seines Könnens abgelegt hat« (Ranke, *Der Dichter des Nibelungenliedes*).

Der Dichter also muß schon vorher zumindest ein bedeutendes Werk geschrieben haben, ein Epos wahrscheinlich, das ihm Erfahrungen zuwachsen ließ und ihn für den großen Auftrag empfahl.

Solche Überlegungen scheinen sich bei der Lektüre des Nibelungenliedes nur bestätigen zu lassen. Es ist unschwer herauszulesen, daß hier ein Meister am Werk war, der seine Lehrzeit längst hinter sich hatte; ein Dichter, der alle Künste seines Metiers von der ersten Strophe an perfekt beherrschte; ein Mann mit Talent – und Erfahrung als Epiker.

Und es ist herauszuhören, daß er wohl wußte, wie das Publikum auf sein Werk – auf den mündlichen Vortrag seines Werkes – reagieren würde.

Damit stellt sich die Frage: Hatte der Nibelungendichter auch Erfahrungen als Spielmann?

Eine heikle Frage, denn sie spaltet die Nibelungenlied-Forschung in feindliche Lager. Die einen sagen: Es ist undenkbar, daß ein Mann von der Bildung und höfischen Erziehung des Nibelungendichters ein Spielmann war, ein fahrender Sänger also, der meist fremde Epen vortrug und seine Suppe am Tisch der Bärentreiber, Gaukler, Spaßmacher und Jongleure löffeln mußte.

Gelegentlich allerdings haben Spielmänner auch eigene Werke

gedichtet. *Herzog Ernst* etwa, *König Rother* oder *Orendel* sind Beispiele anonymer, in der zweiten Hälfte des 12. Jahrhunderts entstandener Spielmannsepen.

Eine andere Gruppe von Gelehrten – an ihrer Spitze Andreas Heusler – ist davon überzeugt, daß der Nibelungendichter ein Spielmann war. Auffallend ist in der Tat, daß im Nibelungenlied einige Burlesken zu finden sind, wie sie für Spielmannsdichtungen charakteristisch waren: der Bärenfang vor Siegfrieds Tod etwa oder König Gunthers Blamage in der Hochzeitsnacht.

Zu denken gibt auch, daß König Etzel, wie erinnerlich, die beiden Spielleute Wärbel und Swemmel beauftragte, seine Einladung an den Burgundenhof zu überbringen. Den strengen Protokollvorschriften der damaligen Etikette entsprechend hätten nur hochgestellte Vertraute aus der engsten Umgebung des Königs dieses Ehrenamt übernehmen dürfen.

Spielleute als Gesandte von Königshaus zu Königshaus: Das war ein ungeheurer Verstoß gegen gesellschaftliche Umgangsformen und Gesetze, ein Fauxpas ohnegleichen, der dem Nibelungendichter nicht unbewußt unterlaufen sein konnte. Denn er beschreibt ansonsten in seinem Lied das höfische Zeremoniell mit Begeisterung und unbestreitbarer Sachkenntnis. Immer wieder »hebt er die Formen, die im täglichen gesellschaftlichen Leben des Ritters bedeutsam sind, besonders hervor. Wir lernen bei ihm gesellschaftliche und rechtliche Gebote kennen...« (Dürrenmatt, *Das Nibelungenlied im Kreis der höfischen Dichtung*)

Wenn also der Nibelungendichter zwei Spielleute in so glanzvolle Rollen protegiert, so ist die Vermutung naheliegend, daß er selbst Spielmann war und seinen eigenen Berufsstand auf Glanz bringen wollte. Was sonst sollte ihn zu so unrealistischer Darstellung ermuntert haben?

Überzeugend aber, so glaube ich, läßt sich die Spielmanns-Theorie verfechten, wenn man Schützenhilfe vom »edlen Spielmann« Volker fordert.

Der edle Spielmann

Volker verkörpert wie kein anderer die höfische Kultur: Sein Geigen-
spiel erfreut die Markgräfin von Bechelaren und tröstet sie über Tränen hinweg. Auf der Etzelburg spielt er seine sorgenerfüllten
Freunde in den Schlaf. Er ist, wie Rüdiger ausdrücklich vermerkt,
»ein besonders wohlgezogener Mann«. Stets tritt er nach den Geset-
zen höfischer Etikette auf. Selbst als Kriemhild auf der Etzelburg mit
gedungenem Mordgesindel naht, will er sich vom Sitz erheben und
ihr die Ehre erweisen. Er wird auch von der Etikette begünstigt:
Rüdigers Gemahlin und Tochter ehren ihn mit Küssen, Dietrich von
Bern begrüßt ihn namentlich – ihn, den Spielmann!
Volker verkörpert aber auch das »alte Reckentum«: Seine Angriffs-
lust ist schnell entfacht, seine Kampfmoral ohne Gnade, seine Treue
bedingungslos. Volkers Ehre bleibt unangetastet, denn aus dem
Intrigenspiel des ersten Teils hält er sich heraus – oder besser: hält
der Dichter ihn heraus.
Kriemhild beschreibt Volker als »noch stärker und kühner als
Hagen«. Sein Anblick genügt, um heranschleichende Hunnen
nachts in die Flucht zu schlagen: »Was wir im Sinne hatten, kann
nun nicht geschehn. Ich seh' den Fiedelspieler vor dem Hause
Schildwacht stehn.« Hagen nennt Volker – und nur ihn allein – seinen »Freund« und »wüßte keinen wertvolleren Waffengefährten«.
Und als es zum Kampf kommt, wird Volker als wackerer Recke
gepriesen: »Seine Weisen klingen schrecklich, sein Bogenstrich ist
rot, mir schlagen seine Töne manchen Recken tot.«
Volker ist also das Idealbild eines Ritters – schwer vorstellbar als
Spielmann im damaligen Sinne, als Saufkumpan der Bärentreiber
am Katzentisch des fahrenden Volkes.
Wenn ihn nun der Dichter als »edlen Spielmann« darstellt, so liegt
die Schlußfolgerung auf der Hand: »Unser Österreicher hat in ihm
seinen eigenen Stand verherrlicht.« (Heusler, *Nibelungensage und
Nibelungenlied*)

Und nicht nur das. Ein neuer Verdacht keimt auf: »In der Gestalt Volkers ..., der auf Bechelaren der Markgräfin mit seiner Kunst huldigt,
am Hunnenhof aber die Fiedel mit dem Schwert vertauscht und mit
seinen Herren in den Untergang geht, mag der Dichter ein Idealbild
seines eigenen Wesens und Wirkens gestaltet haben. Denn das ist
das Entscheidende: Der Dichter des Nibelungenliedes trug beide
Möglichkeiten in sich. Er war ein Mann der feinen staufischen Ritter-
kultur, mit zarter Seele und weichem Empfinden für Liebesglück und
-leid, begeistert für zuchtvolle Haltung und den Glanz des Hoflebens.
Aber er hatte sich daneben ... den Sinn für das Männlich-Harte des
Kriegerberufes bewahrt. So zeigt ihn sein Werk.« (Ranke, *Der Dichter des Nibelungenliedes*)
Diese offensichtliche Wesensgleichheit von Dichter und epischer
Gestalt wirft weitere Fragen auf: Hat der Dichter sich mit Volker etwa
gar identifiziert? Spielt er in der Gestalt Volkers seine Rolle im Nibelungenlied? Vorstellbar wäre das schon, denn die Literaturgeschichte ist reich an Beispielen dafür, daß Dichter sich in ihren Werken porträtiert haben.

Gefolgsmann aus niederem Adel

Eine bestimmte Szene, so meine ich, könnte diese Fragen beant-
worten. Erinnern wir uns: Die Nibelungen kamen von Worms nach
Vergen und überquerten dort in der Nähe die Donau.

> Als sie nun alle   standen auf dem Strand,
> da fragte König Gunther: »Wer soll uns durch das Land
> die rechten Wege weisen,   daß wir nicht irrefahren?«
> Da sprach der kühne Volker: »Ich allein kann Euch davor
>   [bewahren.«

Eine seltsame Strophe, eine Stolperstrophe gewissermaßen, denn
das Publikum stolpert hier über eine offensichtliche Unlogik: Volker

war bisher als Fahnenträger und Gefolgsmann der Burgunden am Rhein vorgestellt worden, als Spielmann aus Alzey, etwa 35 Kilometer nordwestlich von Worms am Rhein – und nun soll er, fern seiner Heimat, an der Donau »die rechten Wege weisen« können? Das Publikum mußte sich fragen: Wieso hat Volker just ab Vergen so genaue Ortskenntnisse?

Eine Erklärung dafür bietet der Dichter in seinem ganzen Nibelungenlied nicht. Aber er zwingt dem Publikum diese Frage kurz darauf zum zweitenmal auf, gleichsam vorsichtshalber, für den Fall, daß jemand über die erste Strophe nicht gestolpert sein sollte. Obwohl Gunther sich gerade erkundigt hatte, fragt Giselher noch einmal:

> »Wer zeigt uns hier nun   die Wege durch das Land?«
> Sie sprachen: »Das soll Volker.   Dem sind hier wohlbekannt
> die Straßen und die Stege,   dem stolzen Spielmann.«
> Eh man's von ihm verlangte,   kam er gewaffnet heran ...

Eine verblüffende Parallele wird erkennbar: Der Dichter selbst ist es doch, der – wie Volker – »Straßen und Stege« an der Donau kennt, und zwar genau ab Vergen.

Schon bei der Beschreibung von Kriemhilds Reise hat er die etwa 300 Kilometer lange Strecke vom Rhein bis zur Donau kommentarlos übersprungen und erst in Vergen seine Reiseschilderungen begonnen, dann aber so detailliert, daß seine Ortskenntnis des Donaulandes heute von der Forschung als Beweis für seine österreichische Abstammung herangezogen wird.

Was bezweckte der Dichter mit diesen beiden Stolperstrophen? Seine Zeitgenossen wußten, woher er stammte, wie er hieß und wo er wohnte. Er gehörte wahrscheinlich schon vor der Niederschrift des Nibelungenliedes, in jedem Fall aber danach zum Kreis der bekannten staufischen Epiker – zu den Dichtern vielleicht, deren Namen uns überliefert sind. (Nur wer von ihnen das Nibelungenlied geschrieben hat: Das wissen wir nicht.)

Der Dichter also hatte keine Veranlassung, den Zeitgenossen seine Identität zu entschlüsseln. Aber einen Zweck konnte er sehr wohl verfolgt haben mit der auffallenden Wiederholung zweier rätselhafter, scheinbar überflüssiger und unmotivierter Strophen: dem Publikum seine Identifikation mit Volker zu signalisieren.

Sollte diese Überlegung stimmen, so könnten wir heutzutage konkrete Rückschlüsse von Volker auf den Nibelungendichter ziehen. Eine Strophe bietet sich dafür an. Ich greife sie aus dem Dialog heraus, den Gunther und Hagen während der Saalschlacht über Volker führten:

> »Es reut mich ohne Maßen«,   sprach Hagen dagegen,
> »daß ich je bess'ren Sitz gehabt   als dieser Degen.
> Ich war sein Geselle,   er der Geselle mein,
> und kehren wir je wieder heim,   dann wollen wir's in Treuen
>   [sein.«

Hier könnte des Rätsels Lösung verborgen sein. Wie schon erwähnt, bedeutete der bessere Sitz an der Tafel höhere Rangordnung in der gesellschaftlichen Hierarchie. Volker – das ist aus der Strophe herauszulesen – entstammte also niederem Adel und verdiente sich früher sein Brot als Spielmann. Mit dichterischen oder (und) kriegerischen Leistungen erkämpfte er sich den »bess'ren Sitz« als Gefolgsmann der burgundischen Könige. Er war nun kein Spielmann mehr, aber der Ruf hing ihm noch nach. Deshalb, und »weil er fiedeln konnte, ward er der Spielmann genannt«, wie es im Nibelungenlied heißt.

Die gleiche Biographie ließe sich nun auf den Nibelungendichter beziehen – nur mit einem Unterschied: Er war nicht Gefolgsmann der burgundischen Könige, sondern höchstwahrscheinlich des Bischofs von Passau.

Gast und Günstling hoher Herren

Oder war er ein Gefolgsmann des Babenberger Herzogs Leopold VI. in Wien?

Um die Frage kommt man nicht herum. Denn es ist unübersehbar, daß er nicht nur Bischof Wolfger, sondern auch dem Babenberger huldigte. Leopold der Glorreiche war, wie schon erwähnt, ein Freund der Künste, Mäzen der Dichter, aber auch eitel und auf guten Ruf bedacht. Ihn zu erzürnen, hat sich für Dichter nicht als ratsam erwiesen. Walther von der Vogelweide etwa – aus niederem Adel stammend, seit 1190 am »wünneclichen hof zu Wiene« – weckte im Jahre 1198 den Grimm des Glorreichen und mußte über Nacht gehen.

Der Nibelungendichter war behutsamer im Umgang mit dem Herzog. So schrieb er kein Wort über die ins Auge springende und berühmte Burg Dürnstein, offensichtlich in der Absicht, beschämende Erinnerungen an Richard Löwenherz im Gemüt des Glorreichen zu vermeiden.

Das Wohlwollen des Herzogs weckte er mit seiner Schilderung von Kriemhilds und Etzels Hochzeit in Wien, die, wie erinnerlich, als Augenzeugenbericht der pompösen Babenberger Hochzeit im Jahre 1203 aufzufassen ist. Damals hatte Bischof Wolfger den Glorreichen mit der byzantinischen Prinzessin Theodora getraut.

Gewiß war der Nibelungendichter unter den Hochzeitsgästen, entweder als Gefolgsmann des Babenbergers oder als Gefolgsmann des Bischofs (zu dessen Begleitern auch Walther von der Vogelweide gehörte).

Interessant ist, daß er Wolfger in der Person Bischof Pilgrims ein Denkmal setzte, für den Babenberger aber keine Schlüsselfigur ins Spiel brachte. Solche Differenzierung könnte eine engere Beziehung – oder Abhängigkeit – zum Bischof verraten.

Dann muß man sich aber fragen, warum er Herzog Leopold VI. überhaupt gehuldigt hat. Sollte er dagegen zum Babenberger Hof

gehört haben, fragt sich analog, warum er Bischof Wolfger gegenüber verpflichtet war.
Gehuldigt – das gilt als erwiesen – hat er beiden, dem kirchlichen wie
dem weltlichen Fürsten seiner Heimat. Vielleicht war der Nibelungendichter, wenn man so sagen darf, Ritter der Tafelrunden zweier
Herren, dem Bischof mehr, dem Herzog weniger verpflichtet.

Gehuldigt hat er, fern der Heimat, offensichtlich auch noch einem
dritten Herrn: dem Abt Sigehart von Lorsch (1167–1198), einem
Freund der Künste und Mäzen der Dichter.
Sigehart von Lorsch war ein Enkel der Uta von Calw, die unweit des
Klosters Lorsch einen Sedelhof bewohnte (der möglicherweise
Uotenheim geheißen hat und identisch sein könnte mit Otenhaim,
wo der Mord an Siegfried geschah).
In der Handschrift C des Nibelungenliedes steht geschrieben, daß
Ute, die Mutter Kriemhilds und der burgundischen Könige, einen
Sedelhof beim Kloster Lorsch bezog.
Wenn Uta von Calw das Vorbild für die reiche und mächtige Königin-
mutter Ute des Nibelungenliedes gewesen sein sollte, was durchaus
denkbar ist, dann hätte der Dichter ihrem Enkel Sigehart von Lorsch
seine Referenz erwiesen. Daraus ließe sich schließen, daß er Gast im
Kloster Lorsch war.
Diese Theorie wird gestützt von einer Verkettung erstaunlicher
Zusammenhänge:
Das Kloster Lorsch besaß – wie auch der Bischof von Passau – ein
weithin berühmtes Archiv, in dem der Dichter historische und mythische Quellen für den ersten Teil des Nibelungenliedes aufgestöbert
haben könnte; in der *ecclesia varia* des Klosters stand der »lange
Sarg«, den er offensichtlich als Siegfrieds letzte Ruhestätte schildert;
südlich von Lorsch lag der Lindenbrunnen, auf den die Beschrei-
bungen der Mordstelle passen; Lorsch besaß die Schürfrechte für
Goldwäscherei an der Rheinkrümmung »ze Lôche«, wo Hagen den
Nibelungenschatz versenkte; von Lorsch aus konnte der Dichter

leicht Abstecher nach Worms zum Münster und zum Bischofssitz machen – zum Bühnenbild der Burgundenburg.

Aus diesen unbestreitbaren Bezügen zwischen Lied und Lorsch glaubten zwei Forscher sogar schließen zu können, daß der Dichter vom Rhein stammen müsse, ja, daß er identisch sei mit Abt Sigehart.

Doch diese Theorie gilt als überwunden, sie widerspricht der gültigen Lehrmeinung. Der Nibelungendichter gehörte nicht zum Sprachraum des Rheinlandes, und seine Ortskenntnisse von Worms und Lorsch sind dürftig im Vergleich zu seinen Reiseschilderungen am Donaulauf. Wenn er überhaupt Gast in Lorsch war, dann nur als fahrender Ritter und vorübergehend. Seine Spur am Rhein weiter zu verfolgen, wäre müßig.

Seitensprünge

Kehren wir also an die Donau zurück, nehmen wir die Fährte des Dichters dort auf, wo er seine Reiseschilderungen beginnt: in Vergen (Pförring).

Bei der Überfuhr kannte er sich gut aus. Er wußte von der uralten Orakelstätte an den Kelsbachquellen.

Zwischen Vergen und Moeringen (Großmehring) ließ er Hagens kriegerischem Temperament freien Lauf: Mord am Fährmann, Mordversuch am Kaplan, Zerstörung des Fährbootes. Unweit davon geschah dann der für die Markgrafen Else und Gelfrat schmählich verlaufene Überfall.

Diese einzigartige Ballung von Greueln während der Reise ist als lokalpolitisches Engagement des Dichters für den Passauer Bischof Wolfger zu verstehen, der in fortwährenden Grenzstreitigkeiten und teils blutigen Fehden mit den Markgrafen von Vohburg stand. Deren Burg erhob sich am Schauplatz dieser Schandtaten zwischen Vergen und Moeringen (und ist heute nur noch als Ruine erhalten). Der Dichter scheute also keine Mühe, um dem Passauer Bischof ein wenig Freude zu machen, indem er das Territorium der Vohburger Markgrafen mit Blut und Schande besudelte. Kleine Geschenke erhalten die Freundschaft.

Und nun läßt sich die Frage klären, warum denn die Reisegesellschaft nicht in Regensburg auf der bequemen Brücke die Donau überquerte: Sie mußte sich bei Vergen in Booten beschwerlich über die Donau schinden, damit der Dichter den Markgrafen von Vohburg eins auswischen konnte. In Vergen bot sich auch Gelegenheit, die allgemein bekannte Orakelstätte bei den Kelsbachquellen im Lied zu bringen.

Die mythisch-archaische Szene der Prophezeiung und sämtliche Schandtaten – auch das ist bemerkenswert – ereigneten sich außerhalb der Passauer Bistumsgrenze, die bei Pledelingen (Plattling) begann.

Ab Pledelingen, auf Passauer Gebiet, ging es dann friedlich zu.

Passau – von Pledelingen etwa 60 Kilometer entfernt – erwähnte der Nibelungendichter bei fast allen Hin- und Rückreisen auffallend oft als gastfreundliche Stadt des Bischofs Pilgrim.

Zwischen Passau und Eferding, auf einer Distanz von 60 Kilometern, wußte er von Raubrittern zu berichten, die im Einflußbereich des Bischofs freilich keinen Nibelungenhelden angriffen.

50 Kilometer weit war dann der Weg an die Enns, wo der Dichter »auf dem Feld« die Königin übernachten ließ.

Von dort mutete er Kriemhild einen Parforceritt von 70 Kilometern bis nach Bechelaren (Pöchlarn) zu. In Bechelaren rühmte er mehrmals die Gastfreundschaft des Markgrafen Rüdiger.

Und nun wird es interessant:

Der Dichter gönnt Kriemhild, die bisher immer auf extrem langen Tagesritten unterwegs war, schon acht Kilometer nach Bechelaren eine Pause: in Medelicke (Melk). Dort wies Astolt »die Straße durch das Österreicherland gegen Mautern an der Donau nieder«.

Ein sonderbarer Ratschlag, wie schon erwähnt. Denn von Medelicke aus führte die vielbereiste und allgemein bekannte West-Ost-Route geradewegs nach Wien, etwa in gleicher Linienführung wie die heutige Autobahn. Jede Reisegruppe hätte damals den Umweg nach Norden vermieden und den direkten Weg gewählt.

Auch Gunther, Gernot und Giselher ritten »stromabwärts die Donau entlang«, wie es ausdrücklich heißt.

Der Dichter also verführt zwei Reisegruppen zu zeitraubenden Seitensprüngen von der üblichen Route.

Und in diesem abseits gelegenen Gebiet, auch das muß auffallen, verkürzt er die Etappen seiner Schilderungen erheblich. Bereits 32 Kilometer nach Melk erwähnt er wieder einen Ort: Mûtâren (Mautern).

Von dort ging es dann nur 15 Kilometer weiter nach Traismauer, wo Kriemhild, die bisher immer nur einmal übernachtet hatte, gleich vier Tage lang blieb.

Traismauer war, wie erwähnt, wegen seiner strategisch und verkehrstechnisch exponierten Lage an einer besonders leicht zu durchquerenden Donaufurt seit alters her wohlbekannt im ganzen Land.

Und justament in der Strophe über Traismauer bringt der Dichter seine beiden berühmten Fehler unter:

> Bei den Traisen hatte   der Fürst vom Hunnenland
> eine reiche Veste,   im Lande wohlbekannt,
> mit Namen Zeiselmauer.   Einst wohnte Helche da
> und übte hohe Milde,   wie wohl nicht wieder geschah!

Die gezinkte Karte

Wie schon gesagt: Zeiselmauer liegt nicht an der Traisen, sondern östlich vom Tullner Feld und von Tulln.

Die »fehlerhafte« Schreibweise ist um so unverständlicher, als jeder gebildete Mensch zwischen Passau und Wien nicht nur Traismauer, sondern auch Zeiselmauer gekannt haben muß.

Zeiselmauer ist der Geburtsort von St. Florian, dem populärsten Heiligen dieser Region. Er wurde um 304 zum Tode verurteilt und in der Enns ertränkt, in dem Fluß also, an dessen Ufer Kriemhild und ihr Gefolge in Zelten übernachteten. Unweit der Todesstelle errichteten Mönche im 9. Jahrhundert ein Kloster: das heutige Augustiner-Chorherrenstift St. Florian.

Zeiselmauer war Passauer Besitz, Exil und Sterbeort des berühmten Bischofs Altmann (1015–1091), der im großen Kirchenstreit eine Rolle spielte und später heiliggesprochen wurde.

In Zeiselmauer schenkte der Passauer Bischof Wolfger dem Minnesänger Walther von der Vogelweide »fünf lange solidis« für den Kauf eines Pelzrockes, und zwar am 12. November 1203, während der Rückreise von der Babenberger Hochzeit. Der Nibelungendichter war damals vielleicht im Gefolge des Bischofs, und aller Wahrscheinlichkeit nach hat er zu dieser Zeit die ominöse Zeiselmauer-Strophe gedichtet. Das Nibelungenlied entstand, wie erwähnt, zwischen 1200 und 1205.

Über diese Strophe haben Forscher zahlreiche Thesen und Theorien geäußert, Bücher und Aufsätze geschrieben, die alle mehr oder weniger auf eins hinauslaufen: Der Fehler ist unerklärlich.

Konsequenterweise, so meine ich, müßten wir nur fragen: War das überhaupt ein Fehler? Einem im Donauland so bewanderten Mann wie dem Nibelungendichter konnte ein solcher Fehler gar nicht unterlaufen. Dann aber sollten wir nachhaken: Warum hat er bewußt Zeiselmauer in die Strophe geschmuggelt – einen Fehler, über den sein Publikum stolpern mußte?

Und warum legte er in diese Strophe gleich einen zweiten Stolperstein? Er schrieb: »... hatte der Fürst vom Hunnenland eine reiche Veste, im Lande wohlbekannt... Einst wohnte Helche da...«

An der Traisen gab es, wie schon erwähnt, keine Burg Helches. Wohlbekannt im Lande aber war, daß Helches Burg am Greiner Strudel lag und einen interessanten Blickfang geboten haben muß für Kriemhild, die dort vorbeigezogen war auf ihrer Reise zu König

Etzel – dem Witwer eben jener Helche. Dort erwähnte der Nibelungendichter die Burg mit keinem Wort. In Traismauer aber zieht er sie
wie eine gezinkte Karte aus dem Ärmel, um sie in eine Strophe zu
mischen, in der schon ein Schwarzer Peter steckte.
Irgend etwas muß der Dichter damit beabsichtigt haben. Aber was?
Stellen wir uns das mittelalterliche Publikum an Fürstenhöfen oder
auf Burgen vor: adlige und gebildete Ritter und Hoffräulein, die dem
Sänger lauschten, Abend für Abend, Strophe für Strophe. – Und
plötzlich, wie ein Blitzschlag: die Zeiselmauer-Strophe!
Man glaubt das Aufraunen im Publikum zu hören, korrigierende
Zurufe, Gelächter, Getuschel.
Wie würden wir reagieren, wenn ein hochgebildeter und für seine
exakten Reisebeschreibungen bekannter Engländer unserer Zeit bei
einem Vortrag behauptete: In der Stadt an der Themse, wohlbekannt als Brüssel, erhebt sich der Eiffelturm?
Wir würden stutzen. Wir wüßten: Er meint London, denn er kennt
London. Zwangsläufig würden wir nachdenklich werden: Was will er?
Steckt eine Pointe dahinter? Wir würden uns diese und jene Gedanken machen, auf jeden Fall aber wäre unsere Aufmerksamkeit jäh-
lings auf London konzentriert – weit mehr, als hätte der Dichter nur
von London gesprochen.
Warum, so müssen wir uns also fragen, lenkte der Dichter des Nibelungenliedes die Aufmerksamkeit auf Traismauer – auf eine Stadt,
die er noch dazu durch einen auffälligen Abstecher von der üblichen
West-Ost-Route in den Text manövriert hat?

Ringfahndung

Und warum, auch das müssen wir überlegen, läßt er Kriemhild vier
Tage verweilen in Traismauer – länger als an jeder anderen Zwischenstation bisher?
Einige Forscher lösten die Frage flugs: Kriemhild, so sagen sie,
mußte dort auf die Zusammenkunft mit Etzel warten. Derlei Überle-

gungen entbehren jedweder Logik. Etzel war nicht der Orientexpreß, dessen fahrplanmäßige Ankunft abgewartet werden mußte. Der Dichter konnte Etzel eintreffen lassen, wann er wollte. Und er ließ ihn erst nach vier Tagen kommen. Es lag also am Nibelungendichter allein, daß Kriemhild so auffallend lang in Traismauer blieb. Die Bürger von Traismauer freuen sich noch heute darüber. »Sie wissen ja: Bei uns war Kriemhild vier Tage lang«, sagte mir der Bürgermeister ausdrücklich, als ich die Stadt besuchte. Und: »Über allem aber steht der Ruhm, im bedeutendsten Volksepos des Mittelalters, im Nibelungenlied, ... verewigt zu sein«, heißt es in einer Festschrift von Traismauer aus dem Jahre 1958.

Um so mehr mögen sich die Bürger von Traismauer zur Stauferzeit geehrt gefühlt haben, als das Nibelungenlied beliebtester Erzählstoff war und an allen Fürstenhöfen des deutschsprachigen Raumes gesungen wurde.

Als Etzel dann nach vier Tagen eintraf, inszenierte der Nibelungendichter gleich östlich von Traismauer die gewaltigste Prachtentfaltung höfischer Festlichkeit: das fulminante Schaubild des Vielvölkertreffens auf dem Tullner Feld. 24 Fürsten zogen Etzel voran, »fröhlich und prächtig, höfisch und wohlgetan«. Eine in solchem Ausmaß noch nie dagewesene Ehre für Kriemhild – eine Ehre auch für die Menschen, die in Traismauer und Umgebung ihre Heimat hatten.

Sollte der Dichter seine eigene Heimat zum glanzvollen Bühnenbild gemacht haben? Stammte er aus der engsten Umgebung von Traismauer?

Es wäre nicht zum erstenmal, daß ein Dichter seiner Heimat – ob verschlüsselt oder unverschlüsselt, ob mit echtem oder fingiertem Namen – in seinem Werk ein Denkmal gesetzt hat.

So besehen ließe sich manches erklären: Um seine Heimat Traismauer im Nibelungenlied ehrenvoll erwähnen zu können, verführt er die Reisegesellschaften zu dem zeitraubenden Abstecher von der üblichen West-Ost-Route; deshalb läßt er Kriemhild dort vier

Tage lang verweilen; deshalb inszeniert er knapp östlich von Traismauer das Schaubild des Vielvölkertreffens.

Die rätselhafte Strophe mit den beiden Stolpersteinen – Zeiselmauer und Helches Burg – ließe sich als augenzwinkernde Aufforderung des Dichters verstehen: Paßt auf, jetzt kommt ein ganz
besonderer Ort – Traismauer, wo ich zu Hause bin. Seine Zuhörer,
die den Dichter kannten, könnten sogar über einen harmlosen Gag
gelacht haben: Überall kennt er sich aus, der Weitgereiste, nur zu
Hause, in Traismauer, bringt er alles durcheinander.

Sicherlich wohnte der Nibelungendichter nicht in dem Kastellge-
viert von Traismauer, sondern auf einer Burg im ländlichen
Umkreis, wie es üblich war für Ritter niederen Adels.

Ein solcher Kreis ließe sich mit einem Radius von zehn Kilometern
sicherlich rechtfertigen, zumal Traismauer – an einer bekannter-
maßen problemlosen Donaufurt gelegen – sogar für das andere
Ufer als kommunalpolitischer, wirtschaftlicher, gesellschaftlicher
und vor allem als verkehrstechnischer Mittelpunkt galt. Wie schon
erwähnt, hatte sich von Ufer zu Ufer, die beide noch heute Wagram
heißen, ein örtlicher Pendelverkehr eingespielt.

Aus diesem Gebiet stammt möglicherweise der Dichter des Nibelungenliedes. Kriminalisten würden jetzt eine Ringfahndung aus-
lösen. Ich versprach mir wenig davon – 800 Jahre nach der Tat.

Doch als ich mir diesen Kreis auf der Landkarte vorstellte, stach mir
sogleich ein Ort ins Auge: Feuersbrunn.

Feuersbrunn hieß früher Fussesbrunnen.

Und von dorther stammte ein Dichter, der Konrad hieß. Konrad von
Fussesbrunnen.

Der Verdächtige

Ein Verdächtiger – überraschend aufgetaucht auf der Fährte des
Nibelungendichters. Doch wir müssen ihn, wenn man so sagen darf,
gleich wieder laufen lassen.

Nachzuweisen ist ihm nichts. Es liegt auch nichts von früher gegen ihn vor. Noch nie hat ihn jemand als Nibelungendichter verdächtigt; allerdings hat auch bislang keiner seinen mutmaßlichen Schlupfwinkel eingekreist.

Aber nun, da wir einen Verdächtigen haben, sollten wir ihn nicht mehr aus den Augen lassen. Wir können prüfen, ob die Spur, die vom Nibelungenlied zu Konrad von Fussesbrunnen geführt hat, nunmehr auch vom Verdächtigen sich zum Nibelungenlied zurückverfolgen läßt.

Konrad von Fussesbrunnen geriet bisher wohl deshalb nicht in Verdacht, weil von ihm nur ein einziges Werk überliefert ist, das den Vergleich mit dem Nibelungenlied nicht gerade herausfordert: *Die Kindheit Jesu,* ein 3027 Reimpaare umfassendes Epos, »die einzige erhaltene Dichtung mit geistlichem Stoff aus der Generation der klassischen höfischen Epiker, Walthers von der Vogelweide und des Nibelungenliedes« *(Neue deutsche Biographie).* Ein anderes Werk Konrads von Fussesbrunnen kennen wir nicht. Wir wissen allerdings mit Sicherheit – davon später –, daß er weltliche Dichtung und sogar ein weltliches Epos geschrieben haben muß.

In der *Kindheit Jesu* erzählt Konrad von Fussesbrunnen einen biblischen Stoff: die Vermählung Mariens mit Josef, die Flucht der Heiligen Familie nach Ägypten, Abenteuer mit Räubern auf der Reise und eine Reihe von Wundertaten des Jesuskindes. Am Schluß des Werkes stellt sich der Autor selbst vor: »daz bin ich von Fouzesbrunnen Kuonrat.«

Konrad von Fussesbrunnen wird in einer Urkunde aus dem Jahre 1182 (oder 1186?) zusammen mit seinem Vater Gerung von Fussesbrunnen und seinem Onkel Albert von Pfaffstetten als Testamentszeuge erwähnt. Sein Geburtsjahr ist allerspätestens mit 1165 anzusetzen, da er als Zeuge mindestens 21 Jahre alt gewesen sein muß. Zur Zeit, als die Niederschrift des Nibelungenliedes begann – im Jahre 1200 –, war er mindestens 35 Jahre alt, sicherlich aber älter.

Zwischen 1195 und 1200 hat Konrad von Fussesbrunnen *Die Kindheit Jesu* geschrieben. Diese als gesichert geltende Datierung paßt wie ein Stein ins Mosaik bisheriger Indizien: Wolfger war Passauer Bischof von 1191 bis 1204 und gab – laut Klage – einem »Meister Konrad« den Auftrag zur Nibelungendichtung. Es ist nun denkbar, daß Konrad von Fussesbrunnen sich mit der um 1200 beendeten *Kindheit Jesu* dem Passauer Bischof als begabter Epiker für einen solchen Auftrag empfohlen hat – und daß er dieser Meister Konrad ist, der ab 1200 das Nibelungenlied schrieb.

Die Bekanntschaft des mächtigsten und kunstsinnigen Kirchenfürsten des Donaulandes mit dem Verfasser des bedeutendsten geistlichen Epos dieser Zeit darf wohl unterstellt werden, läßt sich aber zudem noch belegen: Fussesbrunnen ist in den Passauer Güterlisten des 12. und 13. Jahrhunderts bezeugt und gehörte mithin zum direkten Einfluß- und Abhängigkeitsbereich Wolfgers.

Sehr wahrscheinlich war die Burg der Ritter von Fussesbrunnen sogar ein Lehen des Bischofs und Konrad somit lehnsrechtlich Passau verpflichtet. Konrad von Fussesbrunnen hätte also durchaus Veranlassung zur Huldigung des Passauer Bischofs Wolfger gehabt. Und aus dem Nibelungenlied ist denn auch eine solche Huldigung herauszulesen.

Die Ritter von Fussesbrunnen hatten aber offenbar auch lehnsrechtliche Bindungen zum Babenberger Hof. Konrads Onkel nämlich, der oben erwähnte Albert von Pfaffstetten, ist urkundlich ausgewiesen als Ministeriale – als einer der höchsten Gefolgsmänner – Herzog Leopolds V.

Für seinen Neffen Konrad bot sich schon aus verwandtschaftlicher Protektion der Zugang zur berühmten Dichterrunde am »wünneclichen hof zu Wiene« – und damit die Pflicht zur Huldigung der Babenberger Herzöge. Solch merkwürdige Doppelabhängigkeit – zum Kirchenfürsten etwas mehr, zum weltlichen Fürsten etwas weniger – ist denn auch im Nibelungenlied zu erkennen.

Über Konrads Lebenslauf bietet eine Stelle seines Werkes interes-

santen Aufschluß: Er schreibt gleich in der Einleitung, daß er bereue,
früher weltliche Dichtung verfaßt zu haben und daß er *Die Kindheit
Jesu* gleichsam als Buße auffasse.
Weltliche Dichtung, die es zu bereuen gilt, ist schwerlich zu deuten
als höfische Dichtung, die das Wohlwollen der kirchlichen und weltlichen Fürsten erregte. Aber als Spielmannsdichtung könnte sie aufzufassen sein, als Dichtung eines verrufenen Standes. Konrad von
Fussesbrunnen war also aller Wahrscheinlichkeit nach früher ein
Spielmann und hat sich den »bess'ren Sitz« an der Tafel später erst
erkämpft. Das klingt nach Nibelungenlied, nach dem Lebenslauf
Volkers – und des Nibelungendichters.
Daß es ein geistliches Epos war, das Konrad von Fussesbrunnen
schrieb, mag seinen gesellschaftlichen Aufstieg im Einflußbereich
des Passauer Bischofs besonders begünstigt haben.

Gemeinsamkeiten

Konrad von Fussesbrunnen neigte unübersehbar zur weltlichen
Dichtung. Denn selbst in der *Kindheit Jesu* konnte er sich nicht enthalten, ritterliches Leben und höfisches Zeremoniell der Stauferzeit
darzustellen. Das ist nun in der Tat erstaunlich und verblüffend für
eine biblische Geschichte, anachronistisch, unglaublich fast, und
doch erkennen wir in Konrad von Fussesbrunnen deutlich Züge,
»die seine Zugehörigkeit zur ritterlich-höfischen Welt der Ehre, des
Reichtums und der Schönheit bezeugen...« (de Boor, *Geschichte
der deutschen Literatur*). Und »so kann es kein Wunder nehmen,
wenn das Werk sowohl in ritterlichen wie in geistlichen Kreisen
Anklang fand« *(Allgemeine deutsche Biographie)*. Diese beiden
Zitate lassen sich wörtlich auf den Nibelungendichter übertragen,
denn auch er fühlte sich auffallend hingezogen zur ritterlich-höfischen Welt der Ehre, des Reichtums und der Schönheit, auch er
wollte Anklang finden mit seinem Werk in den ritterlichen und geistlichen Kreisen von Wien und Passau.

Solche Gemeinsamkeiten zwischen Nibelungenlied und *Kindheit Jesu* sind um so bemerkenswerter, als sie gar nicht erwartet werden können: hier ein heroisches Heldenepos, dort eine biblische Geschichte.

Es gibt noch mehr Gemeinsamkeiten. In beiden Werken läßt sich die dichterische Verarbeitung von Kreuzzugserlebnissen vermuten: »Es sei hier beiläufig vermerkt, daß der Dichter der *Kindheit Jesu,* so sehr er sie mit europäischem Brauch zu verbrämen sucht, die Kenntnis des Orients aus eigener Anschauung nicht verleugnen kann.« (Becker, *Konrad von Fussesbrunnen*)

Die hier unterstellte »Kenntnis des Orients aus eigener Anschauung« wäre freilich nur mit der Teilnahme des Dichters an einem Kreuzzug erklärbar. Dem Alter und seinem Lebenslauf nach kommt für Konrad von Fussesbrunnen nicht der Kreuzzug von 1197–1198 in Betracht (denn zu dieser Zeit schrieb er *Die Kindheit Jesu*), sondern der Barbarossa-Kreuzzug (1189–1192), der ganz offensichtlich im Nibelungenlied dichterisch verarbeitet ist.

Der Kuriosität halber sei erwähnt, daß Konrad von Fussesbrunnen auch Drachen, Löwen und Bären ins Spiel bringt, die das Jesuskind freilich nicht, wie Siegfried im Nibelungenlied, mit einem Wunderschwert erschlägt, sondern durch Zuneigung zur Dienerschaft ermuntert.

Eine weitere Gemeinsamkeit: Im Nibelungenlied wie in der *Kindheit Jesu* wird keine vom Dichter selbst ersonnene Geschichte geboten, sondern hier wie dort eine Verarbeitung alter Quellen, die allerdings als schöpferische Eigenleistung von hohem literarischem Rang zu gelten hat. *Die Kindheit Jesu* stützt sich auf frühchristliche, apokryphe Kindheitsevangelien, auf das *Evangelium Pseudo-Mathei,* auf arabisch-syrische Überlieferungen und vermutlich auch auf eine dichterische Vorstufe, und zwar auf das *Marienleben* des Priesters Wernher. Und dem Nibelungenlied liegen, wie wir wissen, historische, christliche und mythische Überlieferungen zugrunde, möglicherweise auch dichterische Vorstufen, von denen wir nichts wissen. Solche Übereinstimmung der dichterischen Konzeption ist ein ganz entscheidendes Indiz, das für ein und denselben Verfasser spricht.

Stilvergleiche zwischen Nibelungenlied und *Kindheit Jesu* lassen zunächst keine Gemeinsamkeiten erwarten. *Die Kindheit Jesu* ist in Reimpaaren gedichtet, eher zum Lesen als zum Vorlesen geschrieben; das Nibelungenlied ist in wuchtigen Vierzeilern der Nibelungenstrophe abgefaßt, vor allem zum mündlichen Vortrag, zum Vorsingen und zum Zuhören geeignet.

Und doch sind auch hier Gemeinsamkeiten erkennbar, vor allem die Einflüsse des Epikers Hartmann von Aue in beiden Werken. »Konrad von Fussesbrunnen dichtete in der stilistischen Nachfolge des jungen Hartmann.« (de Boor, *Geschichte der deutschen Literatur*)

Und aus der Sprache des Nibelungenliedes sind unter anderem »Anklänge an die lyrisch darstellende Sprache Hartmanns von Aue ...« herauszuhören *(Die deutsche Literatur des Mittelalters).*

Doch stilistische Gemeinsamkeiten können allenfalls einen Verdacht bestärken, zu beweisen vermögen sie nichts. Eine philologische Verfasserermittlung durch den Vergleich von Nibelungenlied und *Kindheit Jesu* schien mir aussichtslos zu sein. Sie würde, aller Erfahrung nach, zu trügerischen Rückschlüssen führen, denn die mittelalterliche Epik ist zu sehr von sogenannten »Formelhaftigkeiten« und »tradiertem Reimverhalten« geprägt: von dichterischen Routinemethoden, derer sich fast alle Epiker bedienten.

Ich wollte dennoch die Frage des philologischen Vergleichs nicht ungeprüft lassen und wandte mich deshalb an Experten.

Die Sachverständigen

Zunächst sprach ich mit Dr. Hans Fromm, Professor für deutsche Sprache und Literatur des Mittelalters an der Universität München. Er ist anerkanntermaßen der beste Fachmann unserer Zeit für Kon-

rad von Fussesbrunnen, ein versierter Philologe und natürlich auch
ein Kenner des Nibelungenliedes. Sein Buch *Konrad von Fussesbrunnen: Die Kindheit Jesu* gilt als Standardwerk.
Ich trug Professor Fromm beim ersten Gespräch nur die wichtigsten
Punkte der Indizienverkettung vor – doch das genügte schon, um
sein Interesse zu wecken. »Verblüffend«, sagte er, »und durchaus
glaubhaft. Denn Konrad von Fussesbrunnen kommt in der Tat von
seiner dichterischen Qualität und Singularität, von seiner Abstammung, seiner Herkunft und seiner Bildung als Dichter des Nibelungenliedes in Betracht! Es paßt erstaunlich viel zusammen. Nur: Der
letzte Beweis fehlt.«
»Das«, sagte ich, »ist mein Problem. Deshalb bin ich hier. Glauben
Sie, daß sich durch einen philologischen Vergleich beider Werke
doch etwas beweisen läßt?«
Professor Fromm bestätigte meine Befürchtung: »Philologisch ist
da kaum etwas zu machen.« Aber er wollte andere Methoden überlegen. Und er maß dem Thema so viel Bedeutung bei, daß er Dr.
Michael Curschmann hinzuzog, einen Nibelungenexperten von
Weltruf, Professor für deutsche Literatur des Mittelalters an der Universität Princeton, USA.
Zwei Wochen später verabredete ich mich mit Professor Curschmann zu einem ersten Gespräch beim Mittagessen in einem Restau-
rant am Englischen Garten in München.
Auch er bestätigte, daß die von mir festgestellte Verkettung von Indizien, alles in allem gesehen, beträchtliches Gewicht habe. Und – so
Curschmann – »ich könnte mir sehr gut vorstellen, daß Konrad von
Fussesbrunnen es war, der das Nibelungenlied niedergeschrieben
hat. Zumal sich überhaupt nichts in mir gegen diese Annahme
sträubt. Literatursoziologisch besehen wäre Konrad von Fussesbrunnen sehr gut dafür prädestiniert gewesen. – Aber wie können
wir es beweisen?«
Curschmann wollte sich bis zum nächsten Treffen darüber Gedanken machen.

Bei einem Gespräch zu dritt am 4. August 1986 in der Münchner Universität hatten Fromm und Curschmann sich einige Möglichkeiten ausgedacht, sehr komplizierte, zeitaufwendige Methoden, die letztendlich allenfalls zusätzliche Verdachtsmomente bringen und die Indizienkette verstärken würden.

Was zur Beweisführung fehlt, sind die Aussagen von Zeugen: von Bischof Wolfger, von Leopold dem Glorreichen, Walther von der Vogelweide, Hartmann von Aue, von anderen Dichtern, Fürsten, Lehnsmännern und Zeitgenossen, die den Autor kannten und Kunde davon hatten, daß er der Verfasser des Nibelungenliedes ist. Doch keiner dieser Zeugen hat den Namen überliefert.

Oder vielleicht doch?

Einen Zeugen fand ich, der den Namen überliefert haben könnte. Freilich nur in verschlüsselter Form.

Die Aussage des Zeugen

Der Zeuge ist Rudolf von Ems, ein mittelhochdeutscher Epiker, benannt nach seinem Stammsitz auf Burg Hohenems (wo später die Handschriften A und C des Nibelungenliedes entdeckt wurden). Er galt als einer der am meisten belesenen und gebildeten Kenner der staufischen Literatur. Seine Werke schrieb er zwischen 1230 und 1250.

In seiner Verserzählung *Willehalm von Orlens* hat er etwa um 1235 eine Liste der bedeutendsten staufischen Epiker überliefert, und zwar in einem fingierten Gespräch mit Frau Aventiure, »der Personifizierung weltlichen Minne- und Kämpferlebens« (Ehrismann, *Studien über Rudolf von Ems*). Er nennt Frau Aventiure 16 weltliche Dichter, die ihr zu Ehren eine Liebes- und Abenteuergeschichte besser schreiben würden als er selbst, und ruft zur Bestätigung, als höchste Instanz gewissermaßen, auch noch zwei zeitgenössische Literaturkritiker an: Hesse und Vasolt. Insgesamt sind es also 18 Namen, die in der Liste stehen.

Für die Forschung ist diese Liste von unschätzbarem Wert, denn sie liefert Informationen über eine in allen Einzelheiten längst nicht erforschbare Dichtergeneration aus klassischer Literaturepoche. So erfahren wir zum Beispiel nur von Rudolf von Ems, daß es drei Verfasser bedeutender Epen gab – Absolon, Heinrich von Leinen, Gottfried von Hohenlohe –, über die wir ansonsten kaum etwas wissen und deren Werke verschollen sind.

Weiter enthält seine Liste einen Hinweis, daß Freidank, von dem wir nur die Spruchdichtung *Bescheidenheit* kennen, zumindest ein weltliches Epos von Bedeutung geschrieben hat.

Die Überlegung drängt sich auf, daß Rudolf von Ems in dieser Liste der bedeutendsten weltlichen Epiker auch den Nibelungendichter nennen mußte, den Verfasser des weitaus populärsten weltlichen Epos der Stauferzeit.

Allerdings stellte sich ihm ein Problem: Er mußte, aus welchen Gründen auch immer, die Anonymität des Nibelungendichters wahren. Dieser Überlegung zufolge hatte Rudolf von Ems zwei Möglichkeiten: Entweder er nennt einen Anonymus, der das Nibelungenlied geschrieben hat. Oder er nennt den Dichter mit Namen, verschweigt aber dessen Verfasserschaft des Nibelungenliedes.

Sehen wir uns die Liste daraufhin einmal an: Rudolf von Ems verliert kein Wort über das Nibelungenlied. Folglich müßte der Name des Nibelungendichters in der Liste zu finden sein:

Heinrich von Veldeke
Hartmann von Aue
Wolfram von Eschenbach
Gottfried von Straßburg
Bligger von Steinach
Ulrich von Zatzikhofen
Wirnt von Grafenberg
Freidank
Absolon
Konrad von Fussesbrunnen

Konrad Fleck
Heinrich von Leinen
Der Stricker
Gottfried von Hohenlohe
Albrecht von Kemenaten
Ulrich von Türheim
Hesse
Vasolt

Konrad von Fussesbrunnen, den wir als Nibelungendichter verdächtigen, steht also in dieser Liste der bedeutendsten weltlichen
Epiker. Damit ist zumindest eines erwiesen: daß er, von dem wir nur
das geistliche Werk *Die Kindheit Jesu* kennen, auch ein weltliches
Epos geschrieben haben muß, und zwar ein bedeutendes, sonst
hätte Rudolf von Ems ihn nicht in dieser ehrenvollen Parade aufmar-
schieren lassen.

Was war das für ein Epos?

Rudolf von Ems nennt den Namen dieses Werkes nicht. Obwohl er
bei fast allen anderen Dichtern die Epen bezeichnet: *Erec* bei Hartmann von Aue beispielsweise, *Parzifal* bei »dem von Eschenbach«,
Tristan und Isolde bei Gottfried von Straßburg, *Wigalois* bei Wirnt
von Grafenberg, *Flor und Blancheflor* bei Konrad Fleck, *Lancelot*
bei Ulrich von Zatzikhofen und so weiter.

Nur bei vier Epikern verschweigt er die Namen der Werke. Einer von
ihnen könnte demnach der geheimnisvolle Dichter des Nibelungenliedes sein. Die vier heißen: Heinrich von Veldeke, Freidank, Albrecht
von Kemenaten und – Konrad von Fussesbrunnen.

Heinrich von Veldeke, etwa 1140 bis 1210, Verfasser der berühmten
Verserzählung *Eneïde,* entstammte niederländischem Ministeria-
lengeschlecht aus Veldeke bei Maastricht, stand in literarischer
Beziehung zum Hofe Hermanns von Thüringen und lebte eine Weile
auf der Wartburg. Weder im Donauland noch in Passau oder Wien
lassen sich Spuren von ihm entdecken. Schon deshalb kommt er
als Nibelungendichter nicht in Betracht.

Freidank und Albrecht von Kemenaten wurden beide knapp vor oder um 1200 geboren und scheiden deshalb als Verfasser des Nibelungenliedes aus.

Bleibt Konrad von Fussesbrunnen. Und auf ihn trifft alles zu, was wir vom unbekannten Nibelungendichter wissen.

Im Kommentar über ihn schreibt Rudolf von Ems rätselvoll:

> Hettint ir kunde gewunnen
> Des von Vuozesbrunnen
> so wari u aber bas gischehen
> Danne an mir, des mus ich jehen.

Sinngemäß sagt Rudolf von Ems zu Frau Aventiure: »Hättet Ihr die Kunde über den von Fussesbrunnen erfahren, dann wäre Euch besser geschehen als mir, das kann ich Euch sagen« (der hätte für Euch besser gedichtet als ich).

Was war das für eine »Kunde über den von Fussesbrunnen«?

Läßt diese Strophe sich als verschlüsselter Hinweis verstehen, daß Konrad von Fussesbrunnen der geheimnisvolle Dichter war, der das Nibelungenlied geschrieben hat?

Die Menschen der Stauferzeit wußten, was gemeint war.

Wir können nur rätseln.

Literaturverzeichnis

Das Verzeichnis enthält nicht die gesamte verarbeitete Literatur, sondern nur die Bücher, denen Zitate entnommen wurden.

Allgemeine deutsche Biographie. Hrsg. durch die Historische Commission bei der Königlichen Akademie der Wissenschaften. Bd. 1–35. Leipzig 1875–1910.

Becker, M. A.: Konrad von Fussesbrunnen. In: Blätter des Vereins für Landeskunde von Niederösterreich. Wien, Jg. 20, 1886.

Boor, Helmut de: Geschichte der deutschen Literatur von den Anfängen bis zur Gegenwart. 2 Bde. München 1979.

Die deutsche Literatur des Mittelalters. Verfasserlexikon. Gegr. v. Wolfgang Stammler, hrsg. v. Karl Langosch. Berlin 1943–.

Dürrenmatt, Nelly: Das Nibelungenlied im Kreis der höfischen Dichtung. Bern 1945.

Ehrismann, Gustav: Studien über Rudolf von Ems. Beitr. z. Geschichte d. Rhetorik und Ethik im Mittelalter. Sitzungsberichte d. Heidelberger Akademie d. Wissenschaften 1919.

Giesebrecht, Wilhelm von: Geschichte der deutschen Kaiserzeit. 6. (Schluß-)Band. Leipzig 1895.

Götting, Wilhelm/Georg Grull: Burgen in Oberösterreich. Schriftenreihe der Oberösterreichischen Landesbaudirektion. Bd. 21, Wels 1967.

Heusler, Andreas: Nibelungensage und Nibelungenlied. Die Stoff-
geschichte d. dt. Heldenepos. Sonderausg., unveränd. reprograf.
Nachdruck d. 6. Aufl. Darmstadt 1982.

Heuwieser, Max: Passau und das Nibelungenlied. In: Zeitschrift für
bayerische Landesgeschichte. München, 14, 1943/44.

Hielscher, Birgit M.: Gisela, Königin von Ungarn. In: Ostbairische
Grenzmarken. Passauer Jahrbuch für Geschichte, Kunst und Volks-
kunde. Passau, 10, 1968.

Konrad ‹von Fussesbrunnen›: Die Kindheit Jesu. Kritische Ausgabe
von Hans Fromm und Klaus Grubmüller. Berlin, New York 1973.

Kralik, Dietrich: Passau im Nibelungenlied. Wien 1951. S. 452–470.
Aus: Anzeiger d. phil. hist. Kl. d. österr. Akademie d. Wissenschaften,
Jg. 1950, Nr. 20.

Kralik, Dietrich: Wer war der Dichter des Nibelungenliedes? Wien
1954.

Kranzbühler, Eugen: Worms und die Heldensage. Worms 1930.

Leidl, August: Die selige Gisela, Königin von Ungarn. In: Bavaria
Sancta. Zeugen christl. Glaubens in Bayern. Hrsg. v. Georg Schwai-
ger. 3. Bd. Regensburg 1973.

Lexikon der deutschen Geschichte: Personen, Ereignisse, Institutionen; von d. Zeitwende bis zum Ausgang d. 2. Weltkrieges, hrsg. v.
Gerhard Taddey. Stuttgart 1979.

Lübben, August: Wörterbuch zu der Nibelunge Not. 3., verm. u. verb. Aufl. Oldenburg 1877.

Nell, Dominika: Wanderungen zur Kelsquelle. Kelheim 1957. Bausteine 3.

Neue deutsche Biographie. Hrsg. v. der Historischen Kommission bei der Bayerischen Akademie der Wissenschaften. Bd. 1–. Berlin 1953–.

Das Nibelungenlied. Nach der Ausgabe von Karl Bartsch, hrsg. v. Helmut de Boor. 20., rev. Aufl. Wiesbaden 1972.

Das Nibelungenlied. Heldenepos aus erster Hand, nach der Übers. von Karl Simrock neu hrsg., bearb. u. kommentiert von Walter Hansen. Wien, Heidelberg 1982.

Panzer, Friedrich: Die Wege der Nibelungen. In: Erbe der Vergangenheit. Beitr. Festgabe für Karl Helm zum 80. Geburtstage 19. Mai 1951. Tübingen 1951.

Panzer, Friedrich: Das Nibelungenlied. Entstehung und Gestalt. Stuttgart 1955.

Ranke, Friedrich: Der Dichter des Nibelungenliedes. In: Die großen Deutschen. Deutsche Biographie. Hrsg. v. Hermann Heimpel u. a. 4 Bde. Berlin 1956/57.

Sommer, Robert: Die Nibelungenwege von Worms über Wien zur Etzelburg. Weimar, Gießen 1929.

Wapnewski, Peter: Rüdigers Schild. In: Euphorion. Zeitschrift für Literaturgeschichte. Heidelberg, Bd. 54, 1960.

Wapnewski, Peter: Deutsche Literatur des Mittelalters. Ein Abriß von den Anfängen bis zum Ende der Blütezeit. 4., erg. Aufl. Göttingen 1980.

Weber, Leo: Der schöne Brunnen. In: Zeitschrift für deutsches Altertum und deutsche Literatur. Leipzig, 63 = N. F., Bd. 51, 1926.

Wilpert, Gero von: Deutsches Dichterlexikon. Biograph.-bibliograph. Handwörterbuch zur dt. Literaturgeschichte. 2., erw. Aufl. Stuttgart 1976.

Personen- und Ortsregister

Von Walter Hansen erschien außerdem das erfolgreiche Sachbuch:

248 Seiten, 38 Abbildungen, davon 18 in Farbe.

Vulkane, Krater, Felsenschluchten – Walter Hansen entdeckt auf Island die Schauplätze der Edda. Mit eindrucksvollen Farbfotos von Eberhard Grames.

LÜBBE

Begeisterte Pressestimmen:

»Mit ›Asgard‹ hat Walter Hansen ein ungeheuer spannendes, fast thrillerhaftes Buch geschrieben. Die Resultate, deren schrittweises Zustandekommen der Leser jederzeit nachvollziehen und nachprüfen kann, sind in ihrer Schlüssigkeit bestechend.«
Wolfgang Platzeck, Westdeutsche Allgemeine Zeitung

»Mit seinen interessanten Fahrtberichten und Naturbeschreibungen sowie den Hinweisen auf germanisch-vorchristliche Glaubensvorstellungen kann das Buch nur empfohlen werden...«
Hermann Höner, Deutsch-Isländisches Jahrbuch

»Walter Hansen kam auf die so naheliegende wie bizarre Idee: Mythologie und Geologie zusammenzuführen und die Orte der Edda zu entdecken. Heinrich Schliemann versuchte dasselbe, als er auf der Grundlage der Texte Homers Troja suchte und fand.«
Uwe Rupprecht, Hamburger Morgenpost

»Die Thesen des Verfassers werden in seinem spannend geschriebenen Buch durch zahlreiche Farbbilder von Eberhard Grames und eine Reihe von Schwarz-Weiß-Bildern untermauert.«
Helmut Berndt, Die Welt

»...wird hier eine Anregung gegeben, die isländische Landschaft auf besondere Weise zu sehen und zu erleben und mit Hilfe der Phantasie zu durchdringen...«
Theodor Geus, FAZ

»Walter Hansen, gewappnet mit geologischen Karten und strapazierfähiger Outdoor-Ausrüstung, durchsuchte die menschenleeren Einöden Islands drei Jahre lang nach den einstigen Göttersitzen, folgte dabei alten Reit- und Wanderwegen und förderte Erstaunliches zutage.«
Josef Nyari, Welt am Sonntag

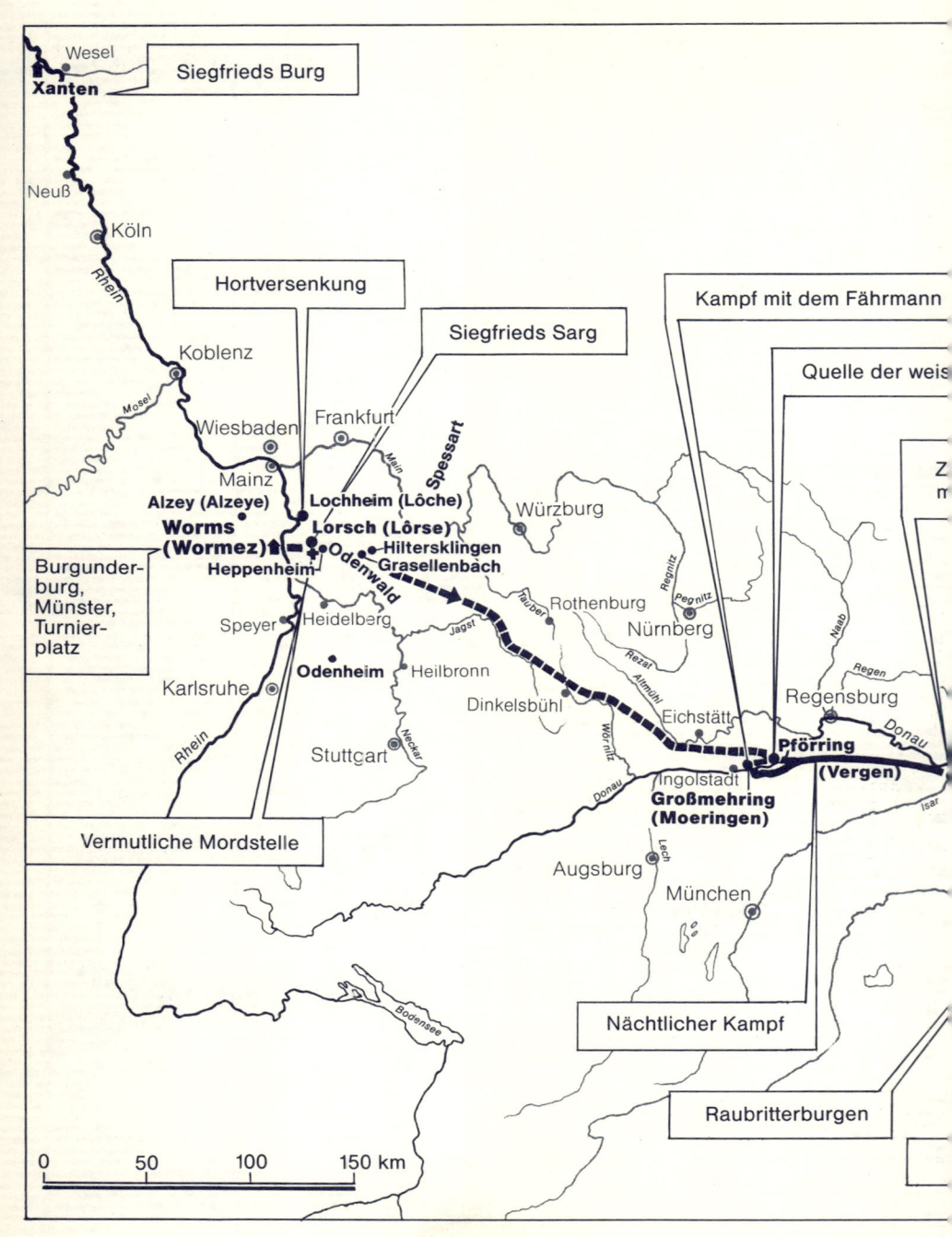

Wesel

Xanten   Siegfrieds Burg

Neuß

Köln

Rhein

Hortversenkung

Koblenz

Mosel

Wiesbaden

Frankfurt

Mainz

Siegfrieds Sarg

Spessart

Main

Kampf mit dem Fährmann

Quelle der weis

Alzey (Alzeye)

Lochheim (Lôche)

Worms (Wormez)

Lorsch (Lôrse)

Würzburg

Z
m

Heppenheim

Hiltersklingen
Grasellenbach

Odenwald

Burgunder-
burg,
Münster,
Turnier-
platz

Speyer

Heidelberg

Regnitz

Pegnitz

Rothenburg

Tauber

Nürnberg

Naab

Rezat

Karlsruhe

Odenheim

Heilbronn

Jagst

Regen

Regensburg

Eichstätt

Dinkelsbühl

Altmühl

Donau

Rhein

Stuttgart

Neckar

Wörnitz

**Pförring
(Vergen)**

Vermutliche Mordstelle

Ingolstadt

**Großmehring
(Moeringen)**

Isar

Augsburg

Lech

München

Bodensee

Nächtlicher Kampf

Raubritterburgen

0   50   100   150 km